Fähle / Müller
Smart und intelligent – Digitale Unterstützung für die Arbeit im Archiv

WERKHEFTE DES LANDESARCHIVS BADEN-WÜRTTEMBERG

Herausgegeben
vom Landesarchiv Baden-Württemberg

Heft 31

2024

Jan Thorbecke Verlag

Smart und intelligent –
Digitale Unterstützung für die Arbeit im Archiv

Vorträge des 82. Südwestdeutschen Archivtags
am 22. und 23. Juni 2023

Herausgegeben von Daniel Fähle und Peter Müller

2024

Jan Thorbecke Verlag

Gedruckt auf alterungsbeständigem, säurefreiem Papier.

Bibliografische Information der Deutschen Nationalbibliothek
Die Deutsche Nationalbibliothek verzeichnet diese Publikation in der Deutschen Nationalbibliografie; detaillierte bibliografische Daten sind im Internet über http://dnb.d-nb.de abrufbar.

Alle Rechte vorbehalten
© 2024 Landesarchiv Baden-Württemberg
Kommissionsverlag: Jan Thorbecke Verlag, Verlagsgruppe Patmos in der Schwabenverlag AG, Ostfildern
www.thorbecke.de

Lektorat: Lydia Christine Michel, Landesarchiv Baden-Württemberg
Umschlaglayout: Bureau Johannes Erler, Hamburg
Satz und Druck: Offizin Scheufele Druck & Medien GmbH & Co. KG, Stuttgart
Hergestellt in Deutschland
ISBN 978-3-7995-2081-2

Inhalt

Gerald Maier
Vorwort 7

Daniel Fähle
Einführung 9

Matthias Razum
Chancen und Herausforderungen des digitalen Wandels für Archive 13

Dorothee Huff und Regina Keyler
Das Projekt OCR-BW: Automatische Texterkennung auch für Archive 25

Andreas Neuburger
Online für alle! Ein einfaches Erschließungssystem für ressourcenschwache kleine Archive   35

Lambert Kansy
Innovativ und offen. Der Digitale Lesesaal der Staatsarchive Basel-Stadt und St. Gallen .. 45

Pascal Notz
Timms for Culture – Aufbau eines Streaming-Services für Kultureinrichtungen
in Baden-Württemberg 63

Florian Spiess
Multimedia-Sammlungen Durchsuchen und Erkunden mit maschinellem Lernen 69

Tobias Hodel
Large Language Models, oder weshalb wir künstliche Intelligenz im Archiv finden sollten   77

Autorinnen und Autoren 85

Vorwort

Nachdem sich der 81. Südwestdeutsche Archivtag in Reutlingen im Jahr 2022 mit der Frage beschäftigt hatte, wo genau Archive sich im Spannungsfeld zwischen digitaler und analoger Welt in Zukunft positionieren sollten, ging es beim diesjährigen Archivtag in Balingen prioritär um die digitale Welt – und konkret um die digitale Unterstützung der archivischen Arbeit. Dabei wurde nicht nur über den Einsatz neuer Technologien wie künstlicher Intelligenz oder Machine Learning, sondern auch allgemein über Chancen und Herausforderungen des digitalen Wandels für die Arbeit der Archive und für ihre Kunden gesprochen. Dazu gehören der Ausbau neuer Kooperationsformen für die gemeinsame Entwicklung technischer Lösungen und Dienstleistungen ebenso wie die Auswirkungen der Digitalisierung in der Verwaltung, in der Wissenschaft und im Kulturbetrieb auf die Archivarbeit. Im Bereich der Verwaltung denke man nur an die Einführung der elektronischen Akte mit all ihren Konsequenzen für die Archive sowie den Ausbau von digitalen Service-Dienstleistungen wie den virtuellen digitalen Lesesaal im Archiv. Im Bereich der Wissenschaft geht es um nicht weniger als um Anschluss und Einbindung der Archive in die Nationale Forschungsdateninfrastruktur (NFDI). Im Kulturbereich müssen wir uns den Herausforderungen der digitalen Präsentation von Kulturgut in unterschiedlichen Kontexten wie in der interdisziplinären Deutschen Digitalen Bibliothek (DDB) stellen.

Dem 82. Südwestdeutschen Archivtag, am 22. und 23. Juni 2023 in Balingen, ist es in hervorragender Weise gelungen, mit seinem Thema „Smart und intelligent – Digitale Unterstützung für die Arbeit im Archiv" und den einzelnen Beiträgen des Tagungsprogramms, diese Herausforderungen aufzugreifen. Obwohl der Archivtag an sich eine Präsenzveranstaltung ist, war auch dieses Jahr wieder eine virtuelle Teilnahme möglich. So konnten auch Kolleginnen und Kollegen, die aus zeitlichen oder räumlichen Gründen nicht nach Balingen kommen konnten, der Veranstaltung im interaktiven Livestream folgen.

Da auch der vorliegende Tagungsband sofort wieder open-access online verfügbar ist, können die Beiträge zeitnah für die weitere Beschäftigung mit dem Thema genutzt werden.

Allen am Tagungsprogramm Mitwirkenden danke ich für ihre Beiträge in Wort und Schrift ganz herzlich. Ebenso danke ich allen, die sich an der Vorbereitung und Durchführung der Tagung beteiligt haben. Der Dank gilt dabei zunächst der gastgebenden Stadt Balingen und besonders Frau Dr. Yvonne Arras, der Leiterin des Stadtarchivs, die gemeinsam mit ihren Mitarbeiterinnen und Mitarbeitern die Organisation vor Ort übernommen hat. Ebenso danke ich dem Landkreis Zollernalbkreis, dessen Kreisarchivar Herr Dr. Uwe Folwarczny sich engagiert am Programm des Archivtags beteiligt hat. Mein Dank gilt auch den Unternehmen, die die Archivmesse in Balingen ermöglicht und den Südwestdeutschen Archivtag finanziell unterstützt haben.

Der abschließende Dank gilt meinen Kollegen im Landesarchiv Baden-Württemberg. Ich danke Herrn Dr. Peter Müller, dem Leiter des Staatsarchivs Ludwigsburg, und Herrn Daniel Fähle, Leiter des Referats Informationstechnologie und Digitale Dienste, für die Übernahme der

Gesamtverantwortung und Moderation der Tagung. Daniel Fähle hat als Tagungspräsident auch das Fachprogramm zusammengestellt. Peter Müller hat seit fünfzehn Jahren ehrenamtlich die Funktion des Geschäftsführenden Präsidenten begleitet. Auf dem diesjährigen Archivtag hat er mit Dr. Marco Birn, dem Leiter des Kreisarchivs Reutlingen, nach langer Suche, dankenswerter Weise, einen Nachfolger gefunden. Ich möchte daher im Namen aller Teilnehmerinnen und Teilnehmer Peter Müller Dank aussprechen, für das was er in den letzten fünfzehn Jahren für den Südwestdeutschen Archivtag geleistet hat.

Nachdem er 2008 zum Geschäftsführenden Präsidenten gewählt worden war, organisierte Peter Müller seither fünfzehn Archivtage im ganzen Land. Einer davon fand auch im Nachbarbundesland Rheinland-Pfalz statt und der Archivtag 2021 war wegen der Corona-Krise rein virtuell. Während seiner Zeit erfolgte eine Verdoppelung der Teilnehmerzahlen von unter 100 Personen bis zu teilweise mehr als 200 Teilnehmerinnen und Teilnehmern. Er sorgte zudem für eine kontinuierliche Dokumentation der Tagungen in der Publikationsreihe des Landesarchivs. Seit 2015 erfolgt die Dokumentation zusätzlich auch durch Videomitschnitte der Vorträge auf YouTube. Seit 2021 besteht die Möglichkeit zur Online-Teilnahme mit Livestream. Ihm gelang immer wieder eine behutsame Erweiterung des Programms durch neue Formate wie Workshops, Begleitveranstaltungen oder die Newcomertreffen. Hervorzuheben ist auch sein Engagement bei der regelmäßigen Kontaktpflege zum Schweizerischen Archivverband (VSA) und zu den Kolleginnen und Kollegen in den benachbarten Bundesländern Bayern und Rheinland-Pfalz.

Peter Müller und das Landesarchiv Baden-Württemberg werden dem Südwestdeutschen Archivtag auch weiterhin verbunden bleiben. So wird das Landesarchiv die Tagungen auch zukünftig in Form einer inhaltlichen Beteiligung am Tagungsprogramm unterstützen. Zudem wird es weiterhin gerne die Vorträge in seiner Publikationsreihe und auf seinem YouTube-Kanal veröffentlichen.

Für das Lektorat und die Drucklegung des diesjährigen Tagungsbandes haben Daniel Fähle, Peter Müller und Lydia Christine Michel die Verantwortung übernommen – auch dafür vielen Dank.

Stuttgart, im August 2023

Prof. Dr. Gerald Maier
Präsident des Landesarchivs Baden-Württemberg

Einführung

Von Daniel Fähle

Der Prozess der digitalen Transformation ist in vielen Archiven in vollem Gange – naturgemäß mit unterschiedlichen Geschwindigkeiten, die den unterschiedlichen Ressourcen und Leistungsfähigkeiten folgen. Fortschritte beim digitalen Wandel sind aber auch abhängig von Offenheit und Aufgeschlossenheit oder dem, was man heute *Mindset* nennt – und zwar der jeweilgen Archiveinrichtung als Ganzes oder auch des betreffenden Archivpersonals. Entgegen einer gesamtgesellschaftlich in weiten Teilen eher von Technologieskepsis geprägten Diskussion, formulierte der Titel des Archivtags mit den Attributen „smart und intelligent" eine deutlich positive Konnotation der technologischen Möglichkeiten, die nicht zuletzt auch aus den neuen und innovativen KI-gestützten Techniken resultieren. Im Mittelpunkt der Fachbeiträge standen daher auch die Potenziale und Möglichkeiten, die digitale Werkzeuge und neue Technologien für die Archivarbeit mit sich bringen.

Natürlich wurde dazu auch der *intelligente* Textgenerator chatGPT befragt. Die KI antwortete so:

Digitale Unterstützung bietet im Archivbereich zahlreiche Chancen und Herausforderungen. Einerseits können digitale Tools und Systeme die Arbeit im Archiv erleichtern und beschleunigen, indem sie beispielsweise die Suche nach bestimmten Dokumenten oder Informationen automatisieren. Andererseits erfordert die Einführung und Nutzung solcher Systeme eine gewisse Einarbeitungszeit und Schulung der Mitarbeiterinnen und Mitarbeiter. Zudem müssen Datenschutz- und Sicherheitsaspekte berücksichtigt werden, um die Vertraulichkeit und Integrität der archivierten Daten zu gewährleisten. Insgesamt bietet die digitale Unterstützung im Archivbereich jedoch viele Vorteile und kann dazu beitragen, die Arbeit effizienter und effektiver zu gestalten.

Das kann bereits als recht qualifizierte Antwort betrachtet werden. Es bliebe hinzuzufügen, dass wir angesichts der Mengen an Daten, sei es z. B. aus der Digitalisierung analogen Archivguts oder des Umfangs und der Varianz originär digitaler Unterlagen gar nicht umhinkommen werden, Automatisierung und digitale Unterstützung zur massenhaften Organisation, Bearbeitung und Aufbereitung einzusetzen, um angesichts von *Big Data* nicht gar das Un-Wort von der Alternativlosigkeit zu verwenden. Erforderlich wird dies zumal, um den mit den technologischen Möglichkeiten wachsenden Ansprüchen unserer Kunden, Behörden und Archivnutzenden zu begegnen.

Bei der Auswahl an digitalen Assistenten und Services, die in den Fachbeiträgen aufgegriffen wurden, standen praxisorientierte und bereits oder absehbar verfügbare Produkte, Softwares oder Ansätze im Vordergrund. Einige Angebote davon wenden sich dezidiert auch an kleine Archive und Einrichtungen, indem dem Umstand unzureichender IT-Infrastruktur oder dem Fehlen von Knowhow oder Personal Rechnung getragen wurde.

Das Fachprogramm startete mit dem einführenden Keynote-Vortrag von Matthias Razum (FIZ Karlsruhe – Leibniz-Institut für Informationsinfrastruktur). Mit einem Blick von außen, zugleich aber mit inzwischen langjähriger Erfahrung aus der engen Kooperation mit Archiven, gab er Impulse zu zentralen Handlungsfeldern und konkreten Möglichkeiten, wie Archivarinnen und Archivare den digitalen Wandel aktiv gestalten können. Er forderte die Archive auf, ihre Bestände über ihre bisherigen Publika hinaus sicht- und auffindbar zu machen, sich zu vernetzen und damit auch einen Beitrag für die sich gerade etablierenden Methoden und Werkzeuge der digitalen historischen Forschung zu leisten.

Regina Keyler (Universitätsarchiv Tübingen) und Dorothee Huff (Universitätsbibliothek Tübingen) griffen mit ihrer Vorstellung der Ergebnisse des Projekts OCR-BW zu Texterkennungsverfahren eines der bedeutsamen Handlungsfelder für die Archive auf. Dieses kann angesichts des erheblichen Anteils von textlichen Quellen an der archivalischen Überlieferung ohne Übertreibung als regelrechte Schlüsseltechnologie gelten. Beantwortet wurde die Frage, ob und wie sich der Einsatz der entsprechenden Werkzeuge insbesondere zur Handschriftenerkennung (HTR) ganz praktisch und mit überschaubarem Aufwand für Archive umsetzen lässt.

Gegenstand des Beitrags von Andreas Neuburger (Landesarchiv Baden-Württemberg) war das DFG-finanzierte Vorhaben *EEZU*. Adressaten dieses Projekts bzw. des daraus resultierenden Angebots, eines *einfachen Erschließungs- und Zugriffssystems*, seien kleinste und kleine Archive, denen häufig die notwendige IT-Infrastruktur für die digitale Erfassung und Verwaltung sowie Onlinebereitstellung ihrer Bestände fehle. Diese könnten mithilfe von *EEZU* in die Lage versetzt werden, ohne größere technische Hürden am digitalen Wandel zu partizipieren. *EEZU* wird als Open-Source-Software zur Verfügung stehen und von FIZ Karlsruhe zusätzlich als gehosteter, kostenpflichtiger Dienst angeboten.

Das Handlungsfeld Zugänglichmachung und Nutzung bildete den Hintergrund für den Vortrag von Lambert Kansy (Staatsarchiv Basel-Stadt), der die Entwicklung des Digitalen Lesesaals in den Staatsarchiven Basel-Stadt und St. Gallen vorstellte. Er skizzierte die wesentlichen Etappen und Herausforderungen bei dessen Konzeption und Realisierung, die dem Anspruch folgten, den Zugang zu Archivgut innovativ und offen zu gestalten. Der von ihm präsentierte Entwicklungsstand und der Ausblick auf die weitere Entwicklung vermittelten eindrücklich den vollzogenen Perspektivwechsel weg von der Anbieterseite hin zu einer dezidiert nutzerorientierten Gestaltung.

Im Beitrag von Pascal Notz (Zentrum für Datenverarbeitung der Universität Tübingen, ZDV) ging es – nun bezogen auf audiovisuelle Dokumente – ebenfalls um die Frage, wie ein besserer Zugang zu diesen Quellen ermöglicht werden kann. Mit timms – dem am ZDV Tübingen im Aufbau befindlichen Streamingservice für Kultureinrichtungen wurde im Rahmen eines gemeinsamen Projekts mit dem Landesarchiv Baden-Württemberg eine Infrastruktur geschaffen, um digitale Ton- und Filmdokumente fachgerecht zu sichern und vor allem ein attraktives Streamingangebot bereitzustellen. Die inhaltliche Basis des Angebots bildeten in der ersten Ausbaustufe die Daten des AV-Archivs des Landesarchivs sowie der digitalisierte Teil der Landesfilmsammlung bzw. des Haus des Dokumentarfilms.

Um bildliche Quellen ging es auch im Beitrag von Florian Spiess (Universität Basel), der aktuelle und zukünftige Methoden der Multimedia-Forschung und deren Anwendung auf Archivdatenbestände an konkreten Beispielen vorstellte. Mittels dieser Verfahren lassen sich Objekte und Informationen in historischen Bildern und in Filmen identifizieren oder bildbeschreibende Zusammenfassungen in Textform generieren. Durch diese neuen Methoden unter Einsatz maschinellen Lernens können riesige Multimedia-Sammlungen nicht nur automatisch analysiert, sondern auch durch Suche und Exploration zugänglich gemacht werden.

In dem abschließenden Beitrag erläuterte Tobias Hodel (Universität Bern) die technischen Grundlagen von Large Language Models bzw. Textgeneratoren wie ChatGPT und beleuchtete die möglichen Chancen und Risiken für deren Einsatz in Archiven. In der Abwägung des Für und Wider dieser häufig auch als *Gamechanger* auf dem Feld der KI betrachteten Technologie verwies er einerseits auf die bestehenden Defizite und daraus folgend den Bedarf einer kritischen Auseinandersetzung. Andererseits betonte er die Potenziale bei der Verarbeitung und Auswertung großer Datenmengen und zugleich die Notwendigkeit, durch aktive Anwendung und Bereitstellung von offenen Datensätzen die Systeme an die Bedürfnisse von Erinnerungsinstitutionen anzupassen und gleichzeitig die Algorithmen und ihre Grundlagen besser zu verstehen.

Fazit: Wenn nicht bereits im Vorhinein bekannt, so wurde in den Fachbeiträgen des Archivtags deutlich, dass bereits ein ganzer Strauß an digitalen Werkzeugen und Methoden – wenngleich mit durchaus noch unterschiedlichen Reifegraden – vorhanden ist. Wichtig ist, die richtige Auswahl für den jeweiligen Bedarf und Einsatzzweck zu treffen, sich also einen Überblick über geeignete Werkzeuge und Methoden zu verschaffen. Deutlich wurde auch, dass bei aller angestrebten Niederschwelligkeit der digitalen Assistenten und Angebote freilich auch eine hinreichende Digitalkompetenz auf der Anbieter- wie Nutzerseite bei deren Verwendung unerlässlich ist. Und sicher wird beim Einsatz digitaler Hilfsmittel jeweils auch immer über Hindernisse und Risiken zu reden sein, was jedoch nicht den Blick auf den Nutzen und die Potentiale verstellen sollte.

Chancen und Herausforderungen des digitalen Wandels für Archive

Von Matthias Razum

Einleitung: Der Digitale Wandel ist real!

Der digitale Wandel hat Forschungsdaten und Forschungsmethoden erfasst, er verändert die Wissenschaft grundlegend,[1] schreibt der Rat für Informationsinfrastrukturen in seiner Publikation *Leistung aus Vielfalt*. Vor dieser Entwicklung können und sollten sich die Archive nicht verschließen, denn neben großen Herausforderungen verbinden sich damit auch Chancen. Gerade kleine und mittlere Archive können ihre Bestände via Aggregatoren (z. B. Archivportal-D) über ihre bisherigen Publika hinaus sicht- und auffindbar machen. Neue Methoden wie OCR/HTR, Named Entity Recognition, semantische Technologien, maschinelles Lernen und Large Language Models unterstützen bei der Erschließung und Suche. Über Normdaten-Identifikatoren lassen sich die eigenen Bestände mit denen anderer Einrichtungen vernetzen. Dies sind wichtige Voraussetzungen für die sich gerade etablierenden Methoden und Werkzeuge der digitalen Geisteswissenschaften. Doch all diese Möglichkeiten erfordern trotz *Künstlicher Intelligenz* zusätzliche Ressourcen und neue Kompetenzen. Dieser Beitrag versucht mit einem Blick von außen Impulse zu geben, wie Archive den digitalen Wandel aktiv gestalten können.

Archive spielen als Teil der Informationsinfrastruktur eine wesentliche Rolle bei der Bewahrung des kulturellen Erbes, der Wahrung der Transparenz und Rechenschaftspflicht in Regierungen und Organisationen sowie der Unterstützung von Forschung und Bildung. Sie ermöglichen eine dauerhafte Aufbewahrung und Organisation von historisch, kulturell und administrativ wertvollen Dokumenten und Aufzeichnungen. Diese bilden unter anderem die Grundlage für die historisch arbeitende Forschung: als Quellen oder –generalisiert ausgedrückt – als Forschungsdaten.[2] Die digitale Verfügbarkeit dieser Forschungsdaten gewinnt zunehmend an Bedeutung. Die Deutsche Forschungsgemeinschaft schreibt in ihrem Impulspapier *Digitaler Wandel in den Wissenschaften* dazu: *Wissenschaftliches Arbeiten wird künftig in nahezu allen Disziplinen maßgeblich durch digitale Forschungspraktiken und Informationsinfrastrukturen geprägt sein.*[3]

---

[1] RfII – Rat für Informationsinfrastrukturen: Leistung aus Vielfalt. Empfehlungen zu Strukturen, Prozessen und Finanzierung des Forschungsdatenmanagements in Deutschland, Göttingen 2016, 160 S. URN: urn:nbn:de:101:1-201606229098.

[2] Damit sind Archivdaten (Erschließungs- und Primärdaten) gesamthaft als Forschungsdaten zu betrachten.

[3] Matthias *Katerbow* u. a.: Digitaler Wandel in den Wissenschaften. Impulspapier, Bonn, Oktober 2020, 14 S. https://doi.org/10.5281/zenodo.4191345 (aufgerufen am 02.08.2023).

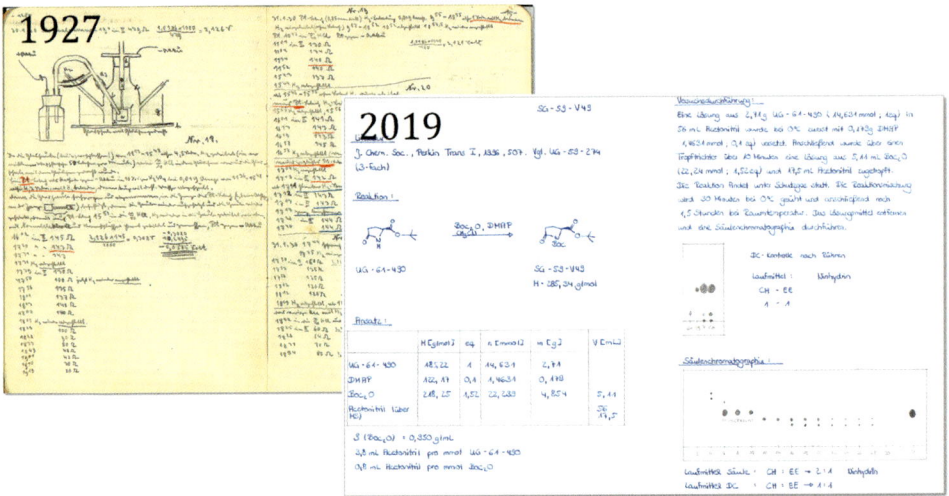

Abb. 1: Laborbücher in der Chemie einst und jetzt. Vorlage: Laborbuch am Kaiser-Wilhelm-Institut für Chemie 1929–1931 (Autor unbekannt. Archiv der Max-Planck-Gesellschaft, I. Abt., Rep. 11, Nr. 69) und Laborbuch am Institut für Organische Chemie des KIT des KIT 2009 (Autorin Simone Gräßle).

Nun gibt es bei Archiven die verbreitete Ansicht, im Bereich der Digitalisierung besonders weit zurückzuliegen, sowohl im Vergleich zu anderen Gedächtniseinrichtungen als auch zur Forschung. Sicherlich gehören Archive nicht zur Speerspitze, aber ein Beispiel aus den Naturwissenschaften, genauer der Chemie, soll aufzeigen, dass auch andere Disziplinen und Einrichtungen diesbezüglich noch vor erheblichen Herausforderungen stehen. Wie in allen laborgebundenen Disziplinen, dokumentieren Forschende in der Chemie die Planung, Durchführung und Auswertung von Experimenten und der dabei erzeugten Forschungsdaten in Laborbüchern. Zwar gibt es zwischenzeitlich eine Vielzahl an elektronischen Laborbüchern, aber in der gelebten Praxis hat sich in den vergangenen gut 90 Jahren wenig getan. Denn trotz weitgehender Digitalisierung aller Messungen erfolgt die Dokumentation immer noch meist analog auf – hoffentlich säurefreiem – Papier.

Das Beispiel zeigt, dass zwar viele Schritte im Forschungsprozess digitalisiert sind, aber gerade im Bereich der Dokumentation und nachhaltigen Bereitstellung von Ergebnissen noch ein erheblicher Nachholbedarf besteht. Ein wesentlicher Grund für dieses Desiderat besteht in der projekthaften Förderung der notwendigen Infrastrukturkomponenten. Der Rat für Informationsinfrastrukturen hat seit seiner Gründung 2014 wesentlich dazu beigetragen, auf wissenschaftspolitischer Ebene eine Veränderung herbeizuführen. Dies führte letztlich zur Etablierung der Nationalen Forschungsdateninfrastruktur (NFDI). Sie soll *Standards im Datenmanagement setzen und als digitaler, regional verteilter und vernetzter Wissensspeicher Forschungsdaten nachhaltig sichern und nutzbar machen.*[4] An der NFDI beteiligen sich zahlreiche Hochschulen sowie außeruniversitäre Forschungs- und Gedächtniseinrichtungen, die sich in insgesamt 26 fachlich orientierten Konsortien organisiert haben. Bund und Länder fördern die NFDI für zunächst zehn Jahre mit insgesamt 900 Millionen Euro.

Die historisch arbeitenden Wissenschaften (als wichtige Zielgruppe der Archive) haben sich in dem Konsortium NFDI4Memory[5] zusammengeschlossen. Beteiligt sind hier neben weiteren Partnern das Landesarchiv Baden-Württemberg, die Archivschule Marburg, das Bundesarchiv, die Generaldirektion der Staatlichen Archive Bayerns, das Hessische Landesarchiv und der Verband deutscher Archivarinnen und Archivare, was einerseits die Bedeutung der Archive für die historisch arbeitenden Wissenschaften aufzeigt, andererseits aber die Notwendigkeit verdeutlicht, sich als Archiv auch den sich ändernden (digitalen) Forschungspraktiken anzupassen.

Herausforderungen: Der KI eine Chance!

Das Motto des 82. Südwestdeutschen Archivtags lautet *Smart und intelligent – Digitale Unterstützung für die Arbeit im Archiv*. Bei smart und intelligent drängt sich der Begriff *Künstliche Intelligenz* auf. Der BitKom e.V. und das Deutsche Forschungszentrum für Künstliche Intelligenz definieren sie als *Eigenschaft eines IT-Systems, „menschenähnliche", intelligente Verhaltensweisen zu zeigen*. Tatsächlich gibt es aber bereits seit Jahren etablierte Verfahren, die einen weniger hohen Anspruch verfolgen, aber sinnvolle Arbeitserleichterungen für Archive bieten.

Named Entity Recognition (NER) ist eine Technik der Sprachverarbeitung zur Erkennung und Klassifizierung benannter Entitäten (wie Namen von Personen, Orten oder Organisationen) in einem Text. Sie nutzt meist linguistische oder statistische Regeln, um Entitäten zu klassifizieren.

Maschinelles Lernen ist ein breiter Ansatz, der darauf abzielt, Algorithmen und Modelle zu entwickeln, die aus Beispielen (*Trainingsdaten*) lernen können. Auch hier kommen statistische Verfahren wie z. B. Gradient Descent oder Backpropagation zum Einsatz. Maschinelles Lernen ermöglicht es, Muster in großen Datenmengen zu erkennen und Vorhersagen über bislang unbekannte Daten zu treffen. Viele moderne Ansätze bei der Optical Character Recognition (OCR) und Handwritten Text Recognition (HTR) setzen auf Verfahren des Machine Learnings auf.

Maschinelles Lernen ist neben symbolischer Wissensrepräsentation und Logik, Robotik, Natural Language Processing etc. ein Teilgebiet der *künstlichen Intelligenz* (KI). Bei ihr unterscheidet man zwischen starker und schwacher KI. *Starke KI* zielt auf eine dem menschlichen Denken ebenbürtige Intelligenz. Sie ist bislang und bleibt in absehbarer Zukunft ein theoretisches Konstrukt. Geforscht wird an *schwacher KI*, die auf die Ausführung bestimmter Aufgaben

---

[4] Gemeinsame Wissenschaftskonferenz: Pressemitteilung: Forschungsdaten nachhaltig sichern und nutzbar machen – Startschuss für eine Nationale Forschungsdateninfrastruktur. Hg. von GWK. Bonn 16. November 2018. https://www.gwk-bonn.de/fileadmin/Redaktion/Dokumente/Pressemitteilungen/pm2018-13.pdf (aufgerufen am 02.08.2023).

[5] https://4memory.de/

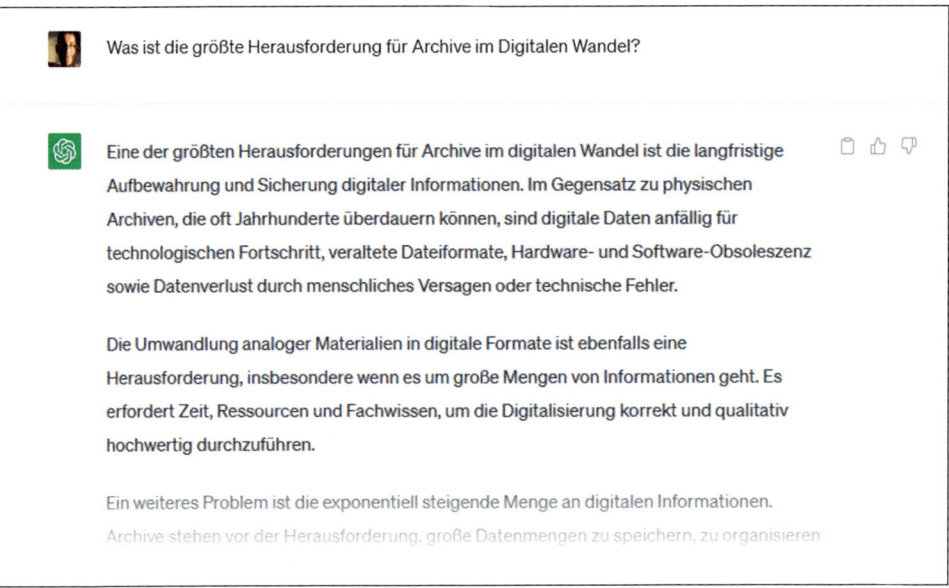

Abb. 2: Screenshot von chat.openai.com (Vorlage: Autor)

trainiert und ausgerichtet ist. In letzter Zeit stößt der Begriff der künstlichen Intelligenz auch jenseits der Fachwelt auf breite Resonanz, insbesondere durch die rasanten Entwicklungen bei den sogenannten *Large Language Models*, die mit extrem umfangreichen Daten vortrainiert und anschließend (oft in aufwändigen intellektuellen Prozessen) für ihre jeweilige Aufgabenstellung feinabgestimmt werden. Eine der bekanntesten Anwendungen eines solchen Large Language Models ist ChatGPT der Firma OpenAI.[6]

Was liegt also näher, als ChatGPT zu fragen, worin denn nun die größte Herausforderung für Archive im digitalen Wandel besteht? Da ChatGPT ein Dialogsystem ist, muss zunächst ein passender Prompt, also letztlich eine Aufgabenstellung, formuliert werden: Was ist die größte Herausforderung für Archive im digitalen Wandel? Das Ergebnis ist ein längerer Text (Abb. 2) mit gleich mehreren Herausforderungen, die sich so zusammenfassen lassen:

– Langfristige Aufbewahrung und Sicherung digitaler Informationen
– Umwandlung großer Mengen analoger Materialien in digitale Formate
– Exponentiell steigende Menge an digitalen Informationen
– Datenverwaltung, geeignete Metadatenstandards und Suchfunktionen
– Sicherung der Integrität digitaler Informationen

---

[6] https://chat.openai.com/ (aufgerufen am 02.08.2023).

- Datenschutz und Informationssicherheit
- Langfristige Nachhaltigkeit digitaler Archive

Das Ergebnis ist zunächst beeindruckend. Alle aufgeführten Punkte sind valide, aber bei genauerem Hinsehen fällt auf, dass einige aus meiner Sicht zentrale Aspekte fehlen, die ich hier ergänze:

- Sichtbarkeit von Archiven im digitalen Raum
- Weiterentwicklung der analog/digitalen Schnittstelle von historischem Quellenmaterial und Daten
- Rasanz der technischen Entwicklung im Widerspruch zur langfristigen Ausrichtung von Archiven
- Bereitstellung und Unterhaltung notwendiger technischer Systeme
- Qualifikation der Mitarbeitenden
- Limitierte zeitliche und finanzielle Ressourcen

Abstrahierend, kann man aus den Herausforderungen fünf Handlungsfelder ableiten: Erschließung, Interoperabilität, technische Infrastruktur, Sichtbarkeit und fehlende Ressourcen. Im Folgenden werde ich auf diese detaillierter eingehen.

Handlungsfelder: Abwarten ist keine Lösung!

Erschließung

Simply making the data available is insufficient for the coherent sharing and interpretation of that data.[7] Die Erschließung von Archivgut und damit dessen Kontextualisierung ist archivischer Alltag. Sie beschreibt (Verzeichnung) und ordnet es (Klassifizierung) mit dem Ziel, Findmittel für die Recherche bereitzustellen.

Archive zeichnen sich durch ihre typischerweise unikalen Bestände aus. Entsprechend haben sie lange Zeit ihre Erschließungsregeln aus einer Binnensicht heraus entwickelt. Da in der analogen Welt die Nutzenden jedes Archiv einzeln aufsuchen mussten, war das auch eine nachvollziehbare und aus der lokalen Perspektive logische Vorgehensweise. ISAD(G) beförderte dann eine auf dem Provenienzprinzip basierende Standardisierung bei der Erschließung, die eine wichtige Grundlage für den digitalen Wandel in Archiven bildet. Die Recherche erfolgt nicht mehr vor Ort, sondern im Netz. Sie ist nicht mehr auf ein Archiv beschränkt. Das nächste Archiv ist nur ein Browserfenster entfernt oder über Aggregatoren wie Archive NRW, Archivportal-D oder Archives Portal Europe[8] direkter Bestandteil der Recherche. Die Vernetzbarkeit der Erschließungs-

---

[7] Fran *Berman*, Ron *Wilkinson*, John *Wood*: Guest editorial: Building global infrastructure for data sharing and exchange through the Research Data Alliance. In: D-Lib Magazine 20(1/2). DOI: https://doi.org/10.1045/january2014-berman (aufgerufen am 06.08.2023).

[8] https://www.archive.nrw.de/, https://www.archivportal-d.de, https://www.archivesportaleurope.net/ (aufgerufen am 06.08.2023).

informationen über Archiv- oder sogar Spartengrenzen hinweg wird damit essentiell: benannte Entitäten wie Personen oder Orte müssen übergreifend und eindeutig identifizierbar sein. *Data sharing and exchange allow us to uncover connectedness in what was previously unconnected.*[9] Das kann nur funktionieren, sofern sich Rechercheergebnisse aus unterschiedlichen Archiven in einer Treffermenge sinnvoll zusammenführen und verarbeiten lassen. Hierfür müssen dieselben Entitäten über Bestands- und Archivgrenzen hinweg als identisch erkannt werden können. Die Benamung der Entitäten alleine (also die Zeichenkette) ist dafür ungeeignet. Für eine Entität gibt es oft unterschiedliche Schreibweisen des Namens. Andererseits gibt es gleichlautende Namen unterschiedlicher Personen. Normdaten-Identifikatoren[10] ermöglichen es, Entitäten unabhängig von der Schreibweise des Namens eineindeutig zu identifizieren und gleichzeitig von namensgleichen anderen Entitäten zu disambiguieren. Erst mit der Auszeichnung zentraler Entitäten mit Normdaten-Identifikatoren gelingt eine Vernetzung von Archivgut über Archivgrenzen hinweg. Sie ist ein wesentlicher Schritt, um Bestände interoperabel und damit auch maschinenlesbar zu gestalten (siehe dazu den nächsten Abschnitt).

Vor der Auszeichnung von Entitäten mit Normdaten-Identifikatoren steht deren Erkennung. Im nächsten Schritt muss der richtige Identifikator gefunden werden. Beides sind aufwändige intellektuelle Prozesse, die Zeit und damit Ressourcen kosten. Mit der *Named Entity Recognition* (NER) existiert ein Verfahren der Computerlinguistik, um benannte Entitäten in einem Text zu identifizieren und zu klassifizieren. Diese Entitäten können Personen, Orte, Organisationen, Daten oder ähnliches sein. Der NER-Algorithmus analysiert den Text, erkennt bestimmte Muster und Zusammenhänge, um die Entitäten zu extrahieren und sie entsprechenden Klassen zuzuordnen.

Zunächst benötigt man aber einen Text, auf dem die Algorithmen arbeiten können. Typischerweise funktionieren die Algorithmen am besten auf Fließtext. Verfahren der *Optical Character Recognition* (OCR) und der *Handwritten Text Recognition* (HTR) können in Scans von gedrucktem oder handschriftlichem Archivgut Text erkennen und maschinenlesbar extrahieren.[11] Hierauf kann nun die NER laufen. Alternativ kann dieser Schritt der Entitätenerkennung auch intellektuell im Rahmen der Erschließung erfolgen.

Im nächsten Schritt gilt es, den passenden Normdaten-Identifikator zu finden. Hierfür existieren Recommender-Systeme, die mögliche Kandidaten über eine Recherche suchen, oft unter Einbeziehung weiterer Metadaten wie Laufzeit, Geburtsdaten o.ä., um zu besseren Ergebnissen bei der Disambiguierung zu gelangen. Als Ergebnis erhält man eine Liste mit Vorschlägen von Normdaten-Identifikatoren. Die letztendliche Auswahl bleibt den Archivarinnen und Archivaren vorbehalten.

---

[9] Fran *Berman*, Ron *Wilkinson*, John *Wood*, wie Anm. 7.

[10] Ein prominentes Beispiel für Normdaten-Identifikatoren ist die Gemeinsame Normdatei (GND), siehe https://gnd.network/ (aufgerufen am 07.08.2023).

[11] Für einen tiefergehenden Einblick in die Thematik sei auf den Beitrag von Dr. Regina *Keyler* und Dorothee *Huff*, in diesem Band verwiesen.

Alle genannten Werkzeuge können die Erschließung unterstützen und beschleunigen. Bei ihrem Einsatz sollte man sich aber immer gewahr sein, dass die eingesetzten Verfahren fehlerbehaftet arbeiten. Eine intellektuelle Prüfung der Ergebnisse ist aktuell noch angezeigt.

Interoperabilität

Die FAIR-Prinzipien[12] formulieren vier Grundsätze mit dem Ziel, Forschungsdaten (also auch die Bestände der Archive) für Forschende zugänglicher und wiederverwendbarer zu machen. FAIR steht für *findable* (auffindbar), *accessible* (zugänglich), *interoperable* (interoperabel) und *reusable* (wiederverwendbar). Die Vernetzbarkeit von Daten und technischen Systemen im Sinn der Interoperabilität ist also ein wesentliches Prinzip einer digitalen Informationsinfrastruktur.

Die Voraussetzungen in Archiven sind dabei gar nicht so schlecht: mit ISAD(G) gibt es einen internationalen Anwendungsstandard zur Verzeichnung archivischer Unterlagen. Mit EAD und dem abgeleiteten Profil EAD(DDB) existiert ein standardisiertes Metadaten-Schema für den Austausch archivischer Erschließungsinformationen. Schwieriger wird es bei der Interoperabilität der eingesetzten Systeme zur Erschließung und Archivverwaltung. Sie mussten bislang nur innerhalb des Archivs funktionieren. Eine Anbindung an das Netz spielte lange Zeit keine Rolle. Um etwa Digitalisate über das Netz abzurufen, kommen heute meist der DFG-Viewer (via METS/MODS) oder ein IIIF-Viewer (via IIIF Image API)[13] zum Einsatz. Die wenigsten archivischen Fachinformationssysteme (AFIS) bieten jedoch schon die notwendigen Schnittstellen an. Erschwerend kommt hinzu, dass einige Archive veraltete AFIS-Versionen einsetzen, die z. B. noch Probleme mit dem fehlerfreien Export von EAD(DDB)-Daten haben. Diese Probleme lassen sich auf der Ebene einzelner Archive nur schwer lösen. Der Wechsel auf aktuelle Softwareversionen ist mit erheblichem Ressourcenaufwand verbunden. Der Funktionsumfang der eingesetzten AFIS lässt sich nur schwer beeinflussen.

Sofern möglich, können notwendige Anpassungen durch Einbeziehung von Dienstleistern (idealerweise den Herstellern der AFIS) beauftragt werden. Eine Alternative ist, Teile der Aufgaben an Aggregatoren zu übertragen. Die Fachstelle Archiv der Deutschen Digitalen Bibliothek (und damit des Archivportals-D) hat viel Erfahrung mit der Aufbereitung nicht vollständig standardkonformer Daten, um sie in normalisierter Form in das Portal einzuspielen und abrufbar zu machen. Die Bereitstellung von Digitalisaten über standardisierte Schnittstellen kann eventuell ebenfalls ein Aggregator oder Dienstleister übernehmen. Und dann gibt es noch die NFDI mit ihren fachlichen Konsortien. Das Konsortium NFDI4Memory integriert erstmals historische Forschungs-, Gedächtnis- und Informationsinfrastrukturen in einer digitalen Forschungsdateninfrastruktur und ermöglicht durch die Entwicklung innovativer Methoden zum Forschungs-

---

12 Mark D. *Wilkinson* u. a.: The FAIR Guiding Principles for scientific data management and stewardship. In: Scientific Data, 3 (1), 160018. 2016. DOI: https://doi.org/10.1038/sdata.2016.18.
13 International Image Interoperability Framework, siehe https://iiif.io/ (aufgerufen am 06. 08. 2023).

datenmanagement und Services die nachhaltige Transformation historisch arbeitender Geisteswissenschaften. NFDI4Memory verfolgt zwei Ziele:

– Es erschließt auf der Basis zunehmend digitalisierter und digitaler Daten sowie digitaler Methoden durch optimierte Forschungsdateninfrastrukturen und Dienste völlig neue Bereiche für die historische Forschung. Das bildet die Voraussetzungen dafür, dass eine digital heterogene historische Forschung sich zukunftsfähig erneuert.
– Es verhindert eine methodologische Lücke, indem es gezielt digitale und analoge Methoden zusammenführt, Kompetenzen im Bereich der digitalen Transformation auf- und ausbaut (z. B. digitale Quellenkritik) sowie einen grundlegenden fachkulturellen Wandel vorantreibt.

Eine der zentralen Maßnahmen ist die Etablierung eines sogenannten Data Spaces, der vielfältige Datenquellen interoperabel virtuell zusammenführt und recherchierbar macht. Hier wird also die Forschungsdateninfrastruktur von NFDI4Memory die notwendigen Schnittstellen zur Sicherstellung von Interoperabilität bereitstellen.

Abhängig wird der Erfolg aber von der Qualität der bereitgestellten Erschließungsdaten sein. Wenn Archive aus Ressourcengründen nicht in der Lage sind, Interoperabilität auf Systemebene herzustellen, sollten sie sich auf ihre Kernkompetenzen fokussieren (Verzeichnung, Überlieferungsbildung und Bestandserhaltung) und in anderen Bereichen auf Kooperationspartner setzen. Das soll nun nicht als Aufruf zur Inaktivität missverstanden werden, sondern als Brücke auf dem Weg zu einem zeitgemäßen AFIS, welches die Herausforderungen im Bereich der Interoperabilität adäquat adressiert.

Technische Infrastruktur

Die Verwaltung von Tektonik, Beständen und Verzeichnungseinheiten mit einem Programm zur Textverarbeitung oder Tabellenkalkulation zu organisieren, reicht nicht aus, um den Anforderungen des digitalen Wandels gerecht zu werden. Genau das ist aber für viele Archive gelebte Realität – nicht aus freien Stücken, sondern vor allem durch fehlende finanzielle und technische Ressourcen bedingt.[14] Selbst viele existierende AFIS kämpfen noch mit der Digitalisierung. Sie sind primär auf die interne Nutzung im Archiv vor Ort und nicht über das Internet ausgelegt. Meist sind nachträglich aufgesetzte Zusatzmodule und -dienste erforderlich, die eigenen Bestände im Internet anbieten zu können. Dabei bleiben grundlegende Anforderungen an Vernetzung, persistente Identifikatoren, sinnvoller Zugriff auf Digitalisate und eine befriedigende User Experience (also ein benutzungsfreundliches Interaktions- und Webdesign) auf der Strecke.

Die Hersteller kommerzieller Archivverwaltungssysteme passen ihre Systeme zunehmend den neuen Anforderungen an, aber es ist ein langsamer Prozess. Zudem erfordert er, dass die Archive

---

[14] Thekla *Kluttig*: Umfrage zur Erschließung: IT-Fachpersonal und Erschließungszielgruppe(n). 2019. https://saechsischer-archivtag.vda-blog.de/2019/05/01/umfrage-zur-erschliessung-it-fachpersonal-und-erschliessungszielgruppen/ (aufgerufen am 04.08.2023).

auch in der Lage sind, auf neuere Software-Versionen umzusteigen. Ein wirklich *digitales* AFIS sollte neben den archivfachlichen mindestens folgende technische Anforderungen abdecken:

- eine Digitalisateverwaltung, die die Verknüpfung von Erschließungsinformationen mit Digitalisaten vereinfacht und den Speicherort der Digitalisate flexibel handhaben kann, also auch außerhalb des AFIS;
- eine Präsentationsplattform für Digitalisate, die den Zugriff über das Netz erlaubt, Zugriffskopien auch in höheren Auflösungen bereitstellen kann, standardisierte Schnittstellen wie IIIF unterstützt und automatisch aus den Masterdateien der Digitalisate geeignete Zugriffskopien erzeugt (etwa in Kachelformaten wie Pyramid Tiff oder JPEG2000);
- neue unterstützende Methoden bei der Erschließung wie NER (mit Schnittstellen zu OCR/HTR-Pipelines) und Recommender-Funktionen; sowie
- Vernetzbarkeit mit Beständen anderer Einrichtungen und Internetressourcen, was die Unterstützung von Normdaten-Identifikatoren, die Einbindung von normierten Vokabularen und Ontologien, die Verwendung stabiler Identifier und die Zugriffsmöglichkeit über stabile URIs auf möglichst alle Knoten der Tektonik und Bestände bedingt.

Darüber hinaus sind Schnittstellen zur Langzeitarchivierung und die entsprechende Aufbereitung der Erschließungsdaten für eine zeitgemäße (semantische) Suche in einem digitalen Lesesaal oder bei Aggregatoren wie dem Archivportal-D wünschenswert.

Gerade für kleine und kleinste Archive stellt sich hier unweigerlich die Frage, wo ein solches AFIS herkommen soll. Meist sind die Systeme kommerzieller Anbieter zu mächtig (und zu teuer). Auch fehlen oft die technische Infrastruktur und die Kompetenz, solche Systeme im eigenen Haus zu betreiben. Hier sei auf den Beitrag von Andreas Neuburger in diesem Band zum einfachen Erschließungs- und Zugriffssystem EEZU verwiesen.

Sichtbarkeit

Nur was Google findet, existiert,[15] so titelte Adrian Lobe etwas überspitzt in der Süddeutschen Zeitung. Das diese Behauptung nicht von der Hand zu weisen ist, zeigt die wirtschaftliche Bedeutung der Optimierung von Webseiten für Suchmaschinen (Search Engine Optimization – SEO). Hier hat sich in kurzer Zeit eine neue Dienstleistungssparte etabliert, um die Sichtbarkeit im digitalen Raum zu gewährleisten und zu verbessern. Auch wenn die heutigen Archivbenutzerinnen und -benutzer überwiegend noch anders sozialisiert sind und für sie die gezielte Recherche vor Ort selbstverständlich ist, werden sich die Archive dem Trend der zunehmenden Abhängigkeit von Suchmaschinen auf Dauer nicht entziehen können.

Die Minimalvoraussetzung für die Sichtbarkeit im Internet sind digitalisierte Findmittel. Schon 1999 forderte der ehemalige Präsident des Bundesarchivs: *Die Basisinformationen über Archive*

---

[15] Adrian *Lobe*: Nur was Google findet, existiert. In: Süddeutsche.de (2. März 2019). https://sz.de/1.4349158 (aufgerufen am 14.08.2023).

und die Nutzerhinweise gehören zu 100% ins Internet, Beständeübersichten ebenfalls zu 100%, Findmittel über uneingeschränkt nutzbare Bestände im Prinzip ebenfalls.[16] Zwanzig Jahre später können laut einer Umfrage des Landesverbands Sachsen im Berufsverband VdA[17] mehr als 75 % der befragten Archive immer noch nicht ihre Beständeübersichten und Findmittel online zur Recherche anbieten. Hier besteht also noch ein erheblicher Nachholbedarf auf Seiten der Archive. Hinzu kommt dann die für Suchmaschinen optimierte Darstellung von Beständen und Verzeichnungseinheiten in Online-Systemen. Während das für große Archive noch leistbar sein mag, sind mittlere und kleine Archive damit meist überfordert. Erneut bietet sich hier aber die Kooperation mit Partnern wie den schon mehrfach genannten Aggregatoren an. Ihre Portale schaffen Sichtbarkeit – beteiligen Sie sich also durch die Lieferung digitaler Findmittel!

Fehlende Ressourcen

Damit kommen wir zum Elefanten im Raum: fehlende Ressourcen. Kleine Archive können mit dem schnellen technischen Wandel kaum Schritt halten. Das liegt insbesondere an fehlender IT-Unterstützung. Die beiden Beiträge von Florian Spiess und Tobias Hodel in diesem Band zeigen die Dynamik bei der Entwicklung des maschinellen Lernens auf, aber auch die Komplexität der Thematik. Ein Landesarchiv kann ein *Data Lab* etablieren, um neue Verfahren zu erproben, aber welches kleinere Archiv vermag das zu leisten? Wenn also Archive, wie oben ausgeführt, Anbieter von Forschungsdaten sind, dann ist *enge Zusammenarbeit zwischen Informationsanbietern und Forschung […] unabdingbar, um die infrastrukturellen Voraussetzungen für die Zugänglichkeit und Nutzbarkeit zu schaffen.*[18] Die Forschung als eine zentrale Nutzungsgruppe nimmt eine neue Rolle ein: *Kennzeichnend für den digitalen Wandel ist, dass die herkömmliche Aufteilung zwischen Anbietern und Nutzern nicht mehr trägt.*[19] Das bereits erwähnte Konsortium NFDI4Memory plant den Aufbau von übergreifenden Strukturen für die Erprobung neuer Methoden (*4Memory Methods Lab*) und zugehöriger Algorithmen (*4Memory Data Lab*) in enger Kooperation unter anderem mit Archiven und Aggregatoren. Mit einer *Virtual Indexing Layer* will das Konsortium langfristig Erschließungsdaten, die in Forschungsprojekten entstehen und bestehende Findmittel ergänzen, für die datengebenden Archive, aber auch Dritten verfügbar

---

[16] Harmut *Weber*: Digitale Repertorien, virtueller Lesesaal und Praktikum im WWW – neue Dienstleistungsangebote der Archive an die Forschung. In: Fundus – Online Forum für Geschichte, Politik und Kultur der späteren Neuzeit 2/2000. S. 1–17, http://webdoc.sub.gwdg.de/edoc/p/fundus/4/weber.pdf (aufgerufen am 18.02.2020).

[17] Thekla *Kluttig*: Archive im Umbruch. Zur Situation in Sachsen. In: Archive im Umbruch, 22. Sächsischer Archivtag. Hg. vom Landesverband Sachsen im Verband deutscher Archivarinnen und Archivare e.V. Dresden 2018. S. 21–32, https://www.vda.lvsachsen.archiv.net/fileadmin/user_upload/Tagungsband_LAT_Sachsen_2017.pdf (aufgerufen am 18.02.2020).

[18] Matthias *Katerbow* u. a., wie Anm. 3.

[19] Ebd.

machen. Hier bieten sich Chancen gerade für kleine Archive, von der bereitgestellten technischen Infrastruktur zu profitieren und so eigene Erschließungsdaten mit neuartigen Verfahren anzureichern.

Die Archive sitzen auf einem Datenschatz. Diesen zu heben, verschafft der Forschung die notwendige Grundlage, um neue Verfahren zu entwickeln, um etwa die Erschließung zu vereinfachen oder in Teilen sogar zu automatisieren. Die Verfahren werden noch auf Jahre hinaus fehlerbehaftet arbeiten. Dabei sollte man aber zwei Dinge im Auge behalten: auch die manuelle Erschließung ist keineswegs fehlerfrei. Und digital verfügbare Findmittel mit einer gewissen Fehlerquote sind für die Anwenderinnen und Anwender hilfreicher als nicht existierende Findmittel. Insofern lohnt es sich in jedem Fall, die Entwicklung neuartiger Verfahren für die teilautomatisierte Erschließung von Archivgut zu beobachten. Sie mögen nicht *ab kommendem Montag* (wie auf dem 82. Südwestdeutschen Archivtag aus dem Auditorium gelegentlich gefordert), aber doch mittelfristig Archive bei einer ihrer Kernaufgaben unterstützen und Ressourcen freisetzen. Dazu müssen diese Verfahren aber auch in den von Archiven eingesetzten Systemen *ankommen*. Hier kann nur dazu ermutigt werden, das Gespräch mit den Anbietern von AFIS zu suchen und Innovationen einzufordern, aber gleichzeitig den Kontakt zu und Austausch mit überregionalen Initiativen und Projekten zu suchen.

Fazit: Die Chancen wahrnehmen!

Es gibt keinen Grund, vor diesen zugegebenermaßen dynamischen und technisch oft komplexen Entwicklungen zu resignieren. Die digitale Transformation fordert Archive heraus, aber sie bietet gleichzeitig auch viele Chancen. Um diese trotz knapper Ressourcen nutzen zu können, bietet sich die Kooperation mit anderen Archiven, Infrastruktureinrichtungen, kommerziellen Dienstleistern und vor allem Aggregatoren an. Schließen möchte ich daher mit den Worten von Friedrich Schiller: *Verbunden werden auch die Schwachen mächtig.*[20]

---

[20] So die Figur Werner Stauffacher in Friedrich *Schiller*: Wilhelm Tell I,3.

Das Projekt OCR-BW:
Automatische Texterkennung auch für Archive

Von Dorothee Huff und Regina Keyler

In der ersten Phase des vom Ministerium für Wissenschaft, Forschung und Kunst Baden-Württemberg (MWK) geförderten Kooperationsprojekts zwischen den Universitätsbibliotheken Mannheim und Tübingen wurde in Tübingen die Transkriptionsplattform *Transkribus*[1] hinsichtlich der automatischen Texterkennung von Handschriften erprobt. Tests wurden anhand der Tagebücher des Paläontologen Edwin Hennig (1882–1977) sowie der Tagebücher und Predigtnachschriften (in lateinischer und griechischer Sprache) von Martin Crusius (1526–1607) vom Ende des 16. Jahrhunderts durchgeführt. Außerdem bearbeitete das Projektteam einzelne Bände der umfassenden Bestände der juristischen Konsilien und der Senatsprotokolle sowie Texte in der indischen Sprache Malayalam. Für diese Bestände wurden jeweils *Ground-Truth-Daten*, also korrekte Transkriptionen erstellt und auf Grundlage dieser Texterkennungsmodelle, die auf neuronalen Netzen beruhen, trainiert. Das Ziel war, eine Zeichenfehlerrate (CER) von unter 5 % zu erreichen.[2] Die Universitätsbibliothek Mannheim arbeitete in dieser Phase vor allem mit der Software *Tesseract* an der Volltexterkennung von historischen Druckwerken in Fraktur.[3] In diesen zwei Jahren wurden auch – soweit es die Pandemie zuließ – Mitarbeiterinnen und Mitarbeiter von Gedächtnisinstitutionen sowie Wissenschaftlerinnen und Wissenschaftler im Umgang mit den Texterkennungswerkzeugen geschult und beraten.

Die Zeit der Projektverlängerung um ein Jahr nutzte die Universitätsbibliothek Mannheim zur Installation und Evaluation der Plattform *eScriptorium*. In Tübingen wurden nun Tests mit kleineren und heterogenen Textkorpora wie gemischtes Archivgut, mittelalterliche Handschriften und Inkunabeln durchgeführt und der Workflow umgestellt: Es wurden nun in der Regel keine Texterkennungsmodelle von Grund auf neu erzeugt, sondern bereits veröffentlichte generische Modelle für die Quellen werksspezifisch nachtrainiert. Damit verringerte sich der Aufwand für die Bearbeitung erheblich, da weniger eigenes Trainingsmaterial erstellt werden musste.

Zum Ende des Projektes lagen Online-Schulungsmaterialien für die genutzten Software-Anwendungen vor.[4] Das an den Universitätsbibliotheken Mannheim und Tübingen im Rahmen

---

[1] https://readcoop.eu/ (aufgerufen am 10.04.2024).
[2] Vgl. hierzu: Deutsche Forschungsgemeinschaft: DFG-Praxisregeln „Digitalisierung". DFG-Vordruck 12.151–12/16, 2016. Online: https://www.dfg.de/formulare/12_151/ (aufgerufen am 10.04.2024).
[3] Siehe zur Installation, Anwendung und Modellhinweisen für Tesseract: https://github.com/UB-Mannheim/Tesseract_Dokumentation (aufgerufen am 10.04.2024).
[4] Verfügbar über ZOERR: http://hdl.handle.net/10900.3/OER_ULGTBJWR (aufgerufen am 10.04.2024).

der Projektlaufzeit aufgebaute *Kompetenzzentrum OCR* wird zudem weiterbetrieben, so dass persönliche Beratung sowie Schulungen und Workshops nach wie vor angeboten werden können.[5]

Schwach strukturierte Quellen in Archiven als geeignete Vorlagen für die Volltexterkennung

Bei der Formulierung des Projektantrags 2017 wurden Überlegungen angestellt, welche Quellen aus dem Universitätsarchiv Tübingen (UAT) und der Handschriftenabteilung der Universitätsbibliothek (UB) sich dafür eignen würden, innerhalb des Projekts bearbeitet zu werden. Zum damaligen Zeitpunkt (2017/18) ging man davon aus, dass die Quellen möglichst von einer Schreiberhand stammen sollten, um eine automatische Texterkennung zu ermöglichen. In die nähere Auswahl kamen daher Vorlesungsnachschriften, Tagebücher und Protokolle, die nur von einer Schreiberhand verfasst worden waren.

Während der Projektarbeit stellte sich jedoch heraus, dass auch Textkorpora bearbeitet werden können, die von unterschiedlichen Händen stammen oder gemischt handschriftlich und maschinenschriftlich sind – sie müssen nur entsprechend repräsentativ trainiert werden.[6] Zudem können mit generischen Modellen gerade für deutsche Kurrentschrift – abhängig von der Schreiberhand – auch ohne eigenes Training zum Teil schon gute Ergebnisse bei der automatischen Texterkennung erzielt werden.[7] Einen weiteren Schritt in die Richtung automatischer Texterkennung für Handschriften auf Knopfdruck bedeutet der Einsatz von Transformer-Modellen, wobei ein Modell sowohl gedruckten wie auch handschriftlichen Text in unterschiedlichen Sprachen und Schriftarten erkennen kann.[8]

Darum kann nun von neuem die Frage gestellt werden: Für welche Archivalientypen lohnt sich eine Volltexterstellung besonders? Dabei soll auch berücksichtigt werden, dass es unterschiedliche Bedürfnisse gibt: Die der Archive, d.h. der Archivarinnen und Archivare, und die der Nutzenden.

Die nachfolgenden Überlegungen setzen an den Beziehungen zwischen den Erschließungsdaten und dem durchsuchbaren Volltext an. In den Fokus rückt dabei ein Typ von Unterlagen,

---

[5] Siehe für aktuelle Informationen: https://ocr-bw.bib.uni-mannheim.de (aufgerufen am 10.04.2024).

[6] Vgl. für eine ausführliche Darstellung einzelner Modelltrainingsreihen: Dorothee *Huff* und Kristina *Stöbener*. Projekt OCR-BW: Automatische Texterkennung von Handschriften. In: O-Bib. Das Offene Bibliotheksjournal 9/4 (2022) S. 6–13. Online: https://doi.org/10.5282/o-bib/5885 (aufgerufen am 10.04.2024).

[7] Zur Anwendung von generischen Modellen auf unbekanntem Material vgl. Tobias *Hodel* u.a.: General Models for Handwritten Text Recognition. Feasibility and State-of-the Art. German Kurrent as an Example. In: Journal of Open Humanities Data 7/13 (2021). Online: https://doi.org/10.5334/johd.46 (aufgerufen am 10.04.2024).

[8] Siehe zum Einsatz von Transformer-Modellen in Transkribus: https://readcoop.eu/de/introducing-transkribus-super-models-get-access-to-the-text-titan-i/ (aufgerufen am 10.04.2024).

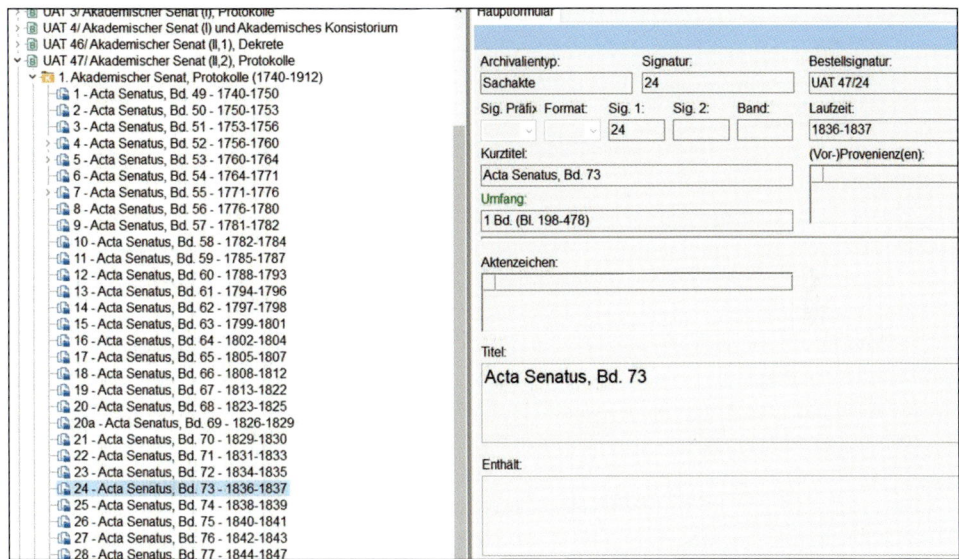

Abb. 1: Erschließungsdaten „schwach strukturierter" Archivalieneinheiten (Bestand UAT 47, Senatsprotokolle).

von dem bislang vor allem im Kontext der digitalen Unterlagen die Rede war: die *schwach strukturierten Unterlagen*. In der archivwissenschaftlichen Diskussion sind damit meist digital entstandene Unterlagen, Dateisammlungen oder der Inhalt von E-Mail-Postfächern gemeint, die nicht systematisch klassifiziert, sondern z. B. nur chronologisch abgelegt sind.[9] Hier soll der Begriff jedoch auf analoge Archivalien angewandt werden, die in sich *schwach strukturiert* sind und deren Titel aus einer formalen oder materiellen Beschreibung gebildet wird und damit wenig Rückschlüsse auf den Inhalt zulässt. Inwieweit können Volltexte als Ersatz für eine ressourcenaufwändige Tiefenerschließung dienen?

Einige Beispiele: Die Einträge in Tagebüchern sind chronologisch angeordnet, der Titel eines Bandes kann lauten: *Reisetagebuch 1903*. Inhaltlich erschließbar wäre das Tagebuch nur durch Regesten oder eine Verschlagwortung – ein Aufwand, der im archivischen Alltag kaum zu leisten ist.

---

[9] Vgl. Bewertungskriterien für schwach strukturiertes Schriftgut. Empfehlungen des Arbeitskreises „Archivische Bewertung" im VdA. In: Bewertung schwach strukturierter Unterlagen (Mitteilungen aus dem Stadtarchiv von Köln 107). Köln 2021. S. 15–26. Auch in diesen Empfehlungen wird der Begriff auf analoge Unterlagen übertragen, z. B. auf Handakten oder Korrespondenzen im Nachlassbereich.

Ähnlich sieht es bei der Erschließung von Protokollen aus: Auch hier werden in den Metadaten für die Erschließung meist nur das Gremium und die Laufzeit des Bandes angegeben. Erst die Aufnahme der Tagesordnungspunkte der Sitzungen würde das Auffinden einzelner behandelter Themen ermöglichen.

Ein weiteres Beispiel sind Korrespondenzserien: Eine Erschließung auf Ebene der Verzeichnungseinheit würde lauten: *Korrespondenz A–G, 1975*. Mit viel Aufwand könnten die Korrespondenzpartnerinnen und Korrespondenzpartner – am besten mit einer Normdaten-Verknüpfung – erhoben werden. Eine fünfbändige Korrespondenz zwischen zwei wichtigen Persönlichkeiten sollte jedoch tiefer erschlossen werden als nur über die beiden Namen und die Laufzeit. Dies wäre allerdings wieder nur mit aufwändigen Regesten oder gar einer Edition möglich.

Auch bei einem weiteren Recherchescenario wäre ein Volltext hilfreich: Das Universitätsarchiv Tübingen verwahrt Aufnahmebücher der Tübinger Universitätskliniken seit ihrer Entstehung. Darin lassen sich die Aufenthalte eigentlich aller Patientinnen und Patienten nachweisen. Die dazugehörigen Akten sind dagegen nur in Auswahl überliefert und außerdem häufig nicht nach Namen erschlossen. Schwierig wird die Suche nach Personen, wenn die Anfragenden nicht wissen, in welcher Klinik die Patientin oder der Patient war oder wann sie oder er aufgenommen wurde. Günstig für das Modelltraining ist es, wenn die Einträge von wenigen (diensthabenden) Personen stammen, so dass genügend Material pro Schreiberhand vorliegt. Ungünstig ist allerdings, dass es sich bei den zu lesenden Texten hauptsächlich um Eigennamen (Personennamen und Ortsnamen) handelt, Wörter also, die auch die KI häufig vor große Herausforderungen stellen.

Für all diese Unterlagen, deren Inhalt durch die Erschließungsdaten nur schwer darstellbar ist, würde sich die Erstellung eines durchsuchbaren Volltextes sehr lohnen.[10] Der Text wäre bei der Recherche nach Sachbegriffen oder Namen durchsuchbar und womöglich könnte man den Volltext auch mit Hilfe weiterer KI-Anwendungen zur automatischen Vergabe von Schlagworten und damit zur Ergänzung der Erschließungsdaten nutzen.[11] Auch in *Transkribus* selbst können Tags gesetzt und mit Wikidata-Einträgen verknüpft werden. Automatische Texterkennung und die Zurverfügungstellung von Volltexten kann also in gewissem Maße die Erschließungsarbeit des Archivs ergänzen, unterstützen oder zum Teil ersetzen.

---

[10] Der an der Universitätsbibliothek Mannheim entwickelte OCR-Recommender bietet Empfehlungen, welches OCR-Werkzeug für welches spezifische Anliegen am besten geeignet ist: https://www.berd-nfdi.de/limesurvey/index.php/996387 (aufgerufen am 10.04.2024).

[11] In einem Versuch wurde nach Anregung durch den Beitrag von Tobias Hodel der Volltext eines Bandes der Juristischen Konsilien mit der KI-Anwendung ChatPDF zusammengefasst. Das Ergebnis der Zusammenfassung ist von ausreichender Qualität und könnte als Inhaltsangabe den Erschließungsangaben beigegeben werden.

Bearbeitungsaufwand und Grenzen

Zwar lässt sich je nach Schrift bei der Volltexterkennung auch ohne großen Eigenaufwand bereits ein gutes Ergebnis erzielen – insofern ein passendes Texterkennungsmodell vorliegt. Für dessen Optimierung ist je nach Zielsetzung jedoch zumindest ein gewisser Arbeitsaufwand nötig. Nicht unterschätzt werden sollte dabei der Aufwand für die Erstellung des zugrunde liegenden Layouts, also die Festlegung von Zeilen und Textregionen, auf deren Grundlage die Texterkennung vorgenommen wird. Zwar gibt es automatische Tools zur Layout-Analyse, die bei einfachen Layouts mit nur einem Textblock bereits gut funktionieren. Bei einem mehrspaltigen Text, Tabellen, interlinearen Einfügungen, Marginalien etc. stoßen diese jedoch an ihre Grenzen und es ist eine manuelle Korrektur notwendig, die je nach Dokumentlänge einige Zeit in Anspruch nehmen kann. Bei einem größeren Bestand mit sich wiederholenden Layoutelementen kann ein entsprechendes Strukturtraining in Betracht gezogen werden. Hier bietet *Transkribus* seit kurzer Zeit die Möglichkeit sowohl des Trainings von Tabellen wie auch des Trainings sogenannter Field-Modelle, mit denen sich wiederholende Strukturelemente z. B. auf Karteikarten trainiert werden können.[12]

Auch aufgrund der individuellen Ausprägung der Schrift kann das Ergebnis der automatischen Texterkennung nur eingeschränkt hilfreich sein – falls man es nicht sogar mit einer Schriftart und/oder Sprache zu tun hat, für die noch kein passendes Texterkennungsmodell zugänglich ist. Wenn in einem solchen Fall ein eigenes Texterkennungsmodell erzeugt werden soll, ist zwar der Trainingsprozess schnell gestartet und läuft im Hintergrund, jedoch müssen als Grundlage dafür zunächst *Ground-Truth-Daten* erstellt werden. Dafür kann entweder das Ergebnis einer automatischen Transkription korrigiert oder eine eigene Transkription von Grund auf neu erstellt werden. Wenn ein vorhandenes Texterkennungsmodell werksspezifisch auf eine bestimmte Schriftausprägung nachtrainiert werden soll, reichen dafür wenige Seiten, während der für ein gutes Ergebnis benötigte Umfang für ein von Grund auf neu trainiertes Modell größer ausfällt. Hier ist das Kosten-Nutzen-Verhältnis zu beachten. Soll nur ein Band von z. B. 100 Seiten bearbeitet werden, wird bereits ein verhältnismäßig großer Anteil dieser Seiten für ein eigenes Modelltraining benötigt werden. Bei einem Bestand wie den Tübinger Senatsprotokollen hingegen wirkt der Aufwand der Erstellung von ca. 200 Seiten *Ground-Truth-Daten* auf den ersten Blick sehr hoch. Das erzeugte Modell kann dann jedoch auf mehrere Tausend Seiten der Jahrgänge 1799 bis 1847 mit unterschiedlichen Schreiberhänden angewandt werden. Für weitere Bände bzw. neue Schreiberhände muss das vorhandene Modell wiederum mit einigen Seiten entsprechend nachtrainiert werden.

Bei dem im Projektverlauf bearbeiteten Bestand des gemischten losen Schriftguts, der aus Akten mit einzelnen Seiten unterschiedlicher Schreiber sowie gedrucktem und maschinenschriftlichen Material besteht, hat sich ein eigenes Modelltraining hingegen als unwirtschaftlich erwiesen. Für das Modelltraining hätte in diesem Fall zumindest ein Großteil, wenn nicht sogar der

---

[12] Siehe https://readcoop.eu/introducing-table-models-trainable-layout-ai-in-transkribus/ sowie https://readcoop.eu/introducing-field-models-trainable-layout-ai-in-transkribus/ (aufgerufen am 10.04.2024).

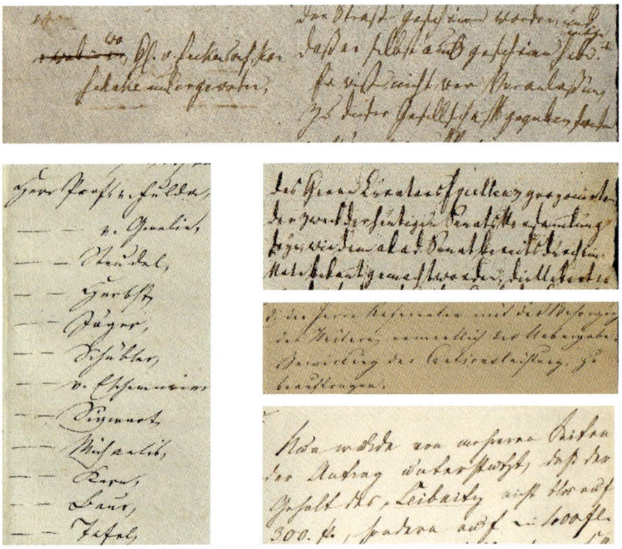

Validation Set	CER
insgesamt	3,72
UAT 47/15, S. 8 (1799-1801)	6,39
UAT 47/15, S. 465 (1799-1801)	11,27
UAT 47/19, S. 17 (1813-1822)	3,87
UAT 47/19, S. 504 (1813-1822)	7,14
UAT 47/20a, S. 113 (1826-1829)	2,53
UAT 47/20a, S. 476 (1826-1829)	1,31
UAT 47/22, S. 233 (1831-1833)	0,71
UAT 47/22, S. 353 (1831-1833)	2,66
UAT 47/22, S. 510 (1831-1833)	5,06
UAT 47/22, S. 595 (1831-1833)	4,82
UAT 47/24, S. 5 (1836-1837)	3,3
UAT 47/24, S. 250 (1836-1837)	5,75
UAT 47/25, S. 36 (1838-1839)	3,06
UAT 47/25, S. 247 (1838-1839)	1,06
UAT 47/28, S. 33 (1844-1847)	5,15
UAT 47/28, S. 44 (1844-1847)	2,87
UAT 47/28, S. 55 (1844-1847)	2,93
UAT 47/28, S. 66 (1844-1847)	1,08
UAT 47/28, S. 92 (1844-1847)	4,61
UAT 47/28, S. 108 (1844-1847)	0,96
UAT 47/28, S. 120 (1844-1847)	4,44
UAT 47/28, S. 130 (1844-1847)	1,43

Abb. 2:   Modelltraining für die Tübinger Senatsprotokolle im Zeitraum 1799–1847 mit einer Aufschlüsselung der Zeichenfehlerrate (CER) auf dem Validation Set.

komplette Bestand des handschriftlichen Materials herangezogen werden müssen, um dem Modell die entsprechende Trainingsgrundlage zu bieten. Hier schien der Einsatz eines generischen Modells am sinnvollsten, das mit einer manuellen Nachkorrektur der am schlechtesten erkannten Seiten kombiniert werden könnte.

Bei der Nutzung des Ergebnisses der automatischen Texterkennung für eine Volltextsuche ist grundsätzlich zu beachten, dass dieses in den wenigsten Fällen hundertprozentig korrekt ist. Dieser Umstand wirkt sich natürlich auf das Suchergebnis aus. Gerade Eigennamen, die in der Regel nicht Teil des gewöhnlich gebrauchten Wortschatzes sind, werden oftmals schlechter erkannt, da sie in den einem Modell zugrunde liegenden Trainingsdaten nur selten, wenn nicht sogar überhaupt nicht vorkommen.[13] Auch die Transkriptionsrichtlinien können sich auf den Sucherfolg auswirken. Wurden Abkürzungen zeichengetreu wiedergegeben und Sonderzeichen verwendet, muss dies bei der Durchsuchung eines Textes entsprechend beachtet werden.

---

[13] In der Umgebung von Transkribus kann die sogenannte Smart Search angewandt werden, um den Sucherfolg auch bei fehlerhaften Ergebnissen der Texterkennung zu erhöhen. Dabei wird nicht nur der tatsächlich ausgegebene Text durchsucht, sondern auch im Hintergrund gespeicherte alternative Lesungen.

Präsentation von Volltexten

Automatisch erzeugte Volltexte sollten jedoch nicht nur dem internen Dienstgebrauch dienen, sondern auch der Öffentlichkeit zur Verfügung gestellt werden. Idealerweise geschieht dies zusammen mit den Metadaten und den Digitalisaten, damit in einem Suchvorgang Erschließungsdaten und Volltext durchsucht werden können.

In der Archivwelt sind die unterschiedlichsten Präsentationsmodule im Einsatz. Unabhängig vom Archivinformationssystem arbeitet das Universitätsarchiv Tübingen mit der von der UB Heidelberg entwickelten Anwendung *DWork*. Neben jeder als Digitalisat vorliegenden Seite wird der Volltext präsentiert. Der Export des erkannten Textes aus *Transkribus* im Ausgabeformat TEI mit den Koordinaten der einzelnen Zeilen erlaubt es, dass die jeweilige Textstelle im Digitalisat mit einem Rahmen markiert wird. Auf diese Weise wird die Orientierung erleichtert, wenn die Nutzerinnen und Nutzer das Ergebnis der automatischen Transkription mit dem Originaltext abgleichen wollen.

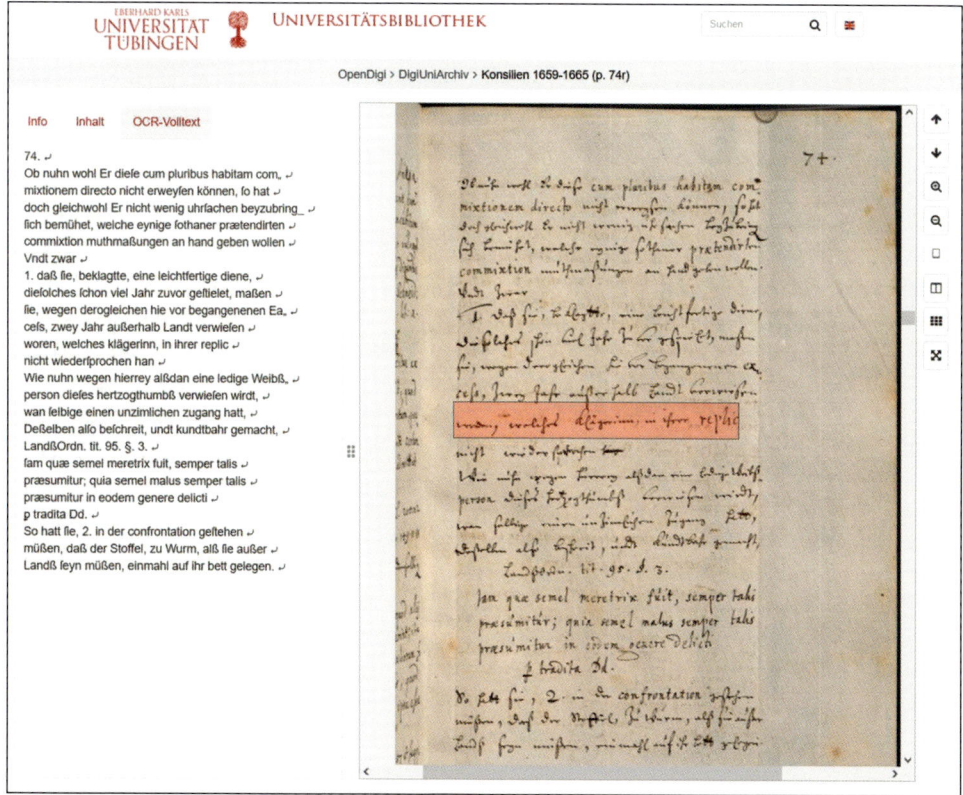

Abb. 3: Präsentation von Volltexten (OpenDigi UB Tübingen). UAT 84/13, 74r.

Diese Lösung ist jedoch nicht optimal, da die Metadaten zwischen dem Archivinformationssystem und *DWork* nicht direkt ausgetauscht werden können. Ein weiterer Nachteil ist, dass in zwei unterschiedlichen Systemen gesucht werden muss: Einmal im internen Archivinformationssystem oder in den exportierten Daten im Archivportal-D und einmal im Präsentationssystem der Digitalisate.

Unterstützung für Archivnutzerinnen und Archivnutzer

Neben der online-Bereitstellung von Volltexten kann es auch sinnvoll sein, von Seiten der Archive Benutzerinnen und Benutzern ohne paläographische Kenntnisse Hilfestellungen im Umgang mit Transkriptionssoftware zu geben. In einem Universitätsarchiv können das z. B. Fachwissenschaftlerinnen und Fachwissenschaftler sein, die über die Geschichte ihres Faches forschen möchten. Auch Wissenschaftlerinnen und Wissenschaftler, die große Textmengen bearbeiten oder durchsuchen möchten, können so Forschungsfragen angehen, die ohne technische Hilfe nicht zu bearbeiten wären.

Für den Ersteinstieg werden Nutzerinnen und Nutzer auf die Seite https://transkribus.ai/ verwiesen. Dort können einzelne digitalisierte Seiten hochgeladen werden, die direkt nach Einstellung der Sprache und der Angabe, ob es sich um ein Druckwerk oder eine Handschrift handelt, von einem vorgegebenen Modell erkannt werden. Das Ergebnis hilft oftmals zumindest bei einer ersten Einschätzung, wovon der Text handelt, und ist ohne Einarbeitung in das Programm möglich.

Sollen größere Dokumente bearbeitet, andere als die voreingestellten Texterkennungsmodelle genutzt oder sogar eigene trainiert werden, ist die Arbeit in der Umgebung einer Transkriptionsplattform zu empfehlen. *Transkribus* bietet aktuell zwei interoperable Varianten, nämlich den *Expert Client*[14] mit dem größten Funktionsspektrum als Desktop-Version sowie *Transkribus Lite*,[15] das im Browser läuft und eine modernere Nutzeroberfläche bietet.[16] Ohne vertiefte IT-Kenntnisse können Tools zur Layouterkennung und Texterkennung angewandt, eigene Transkriptionen angefertigt oder das Ergebnis automatischer Texterkennung korrigiert, Textinhalte sowie Strukturelemente getaggt und die Ergebnisse in verschiedenen Formaten exportiert werden. Der Zugang zu den Dokumenten kann geöffnet und damit ein kollaboratives Arbeiten im beschränkten Kreis oder auch ein öffentliches Crowd-Sourcing-Projekt ermöglicht werden. Nach einem ähn-

---

14   https://readcoop.eu/transkribus/download/ (aufgerufen am 10.04.2024).
15   https://readcoop.eu/transkribus/ (aufgerufen am 10.04.2024).
16   Die READ-COOP plant, den Betrieb in Zukunft gänzlich auf Transkribus Lite zu verlagern. Der Expert Client wird zwar zunächst aufrechterhalten, erhält jedoch keine Updates mehr. Beide Systeme sind interoperabel, so dass bei einem Wechsel keine Daten verlorengehen bzw. die Versionen parallel genutzt werden können. Aktuell fallen für einzelne Funktionen Gebühren an, wobei jeder Account pro Monat ein Freikontingent von 100 Credits erhält.

lichen Prinzip funktioniert die Transkriptionsplattform *eScriptorium*, die lokal auf dem eigenen Rechner installiert werden kann und mit zunehmender Weiterentwicklung eine gute Alternative darstellt.[17]

Fazit

Gerade für deutsche Kurrentschriften, die einen großen Teil der historischen Archivbestände ausmachen, lassen sich bereits *Out-of-the-box* oftmals gute bis sehr gute Ergebnisse mit generischen Texterkennungsmodellen erzielen. Wenn ein eigenes Texterkennungsmodell für einen bestimmten Bestand erzeugt werden soll, beeinträchtigt auch heterogenes Material wie z. B. unterschiedliche Schreiberhände und/oder lange Schreibzeiträume das Ergebnis nicht wesentlich und verlangt bei entsprechender Planung nicht unbedingt einen höheren Ressourcenaufwand. Dabei stellen auch unterschiedliche Sprachen und Schriftsysteme kein Problem dar und können bei Bedarf in einem Modell vereinigt werden. Liegt bereits ein einigermaßen passendes Modell vor, kann dieses in der Regel schon mit wenigen Seiten durch ein werksspezifisches Training auf ein Dokument angepasst und die Fehlerrate für dieses erheblich gesenkt werden. Soll das Ergebnis jedoch fehlerfrei sein, bedarf es einer manuellen Nachkorrektur.

Die Erzeugung von Volltexten aus handschriftlichen Archivalien ist somit auch für kleinere Einrichtungen mit vertretbarem Aufwand möglich. Mit Transkriptionsplattformen wie *Transkribus* und *eScriptorium*, die über eine Benutzeroberfläche verfügen, bedarf es keiner vertieften IT-Kenntnisse für den Einsatz von Texterkennungssoftware. Gegenüber einer personalaufwändigen Tiefenerschließung gerade auch von schwach strukturierten Quellen, die eine intensive Beschäftigung mit dem Dokument erfordern würde, kann die Erzeugung von automatischen Volltexten mit geringerem Ressourceneinsatz den Zugang zu den Materialien bereits deutlich erhöhen bzw. es den Nutzerinnen und Nutzern ermöglichen, mit großen Textmengen zu arbeiten.

---

[17] Siehe zu Nutzungs- und Installationshinweisen für eScriptorium: https://ub-mannheim.github.io/eScriptorium_Dokumentation/ (aufgerufen am 10.04.2024).

Online für alle!
Ein einfaches Erschließungssystem für ressourcenschwache kleine Archive

Von Andreas Neuburger

Aus einer Analyse der aktuellen archivwissenschaftlichen Diskussion und den Tagungsprogrammen von Archivtagen im deutschsprachigen Raum könnte in den letzten Jahren leicht der Eindruck entstehen, dass das deutsche Archivwesen schon längst im digitalen Zeitalter angekommen sei. Demnach ginge es in den Archiven inzwischen vor allem darum, das bereits umfangreich vorhandene digitale Angebot quantitativ und qualitativ weiter auszubauen. Im Zentrum stünden einerseits die Online-Findmittel, welche durch die Anreicherung der Erschließungsinformationen mit Normdaten unterschiedlicher Entitäten sowie insbesondere durch die Bereitstellung und Vernetzung von Erschließungsdaten in Portalen immer höhere Reichweite erzielen. Hinzu kommen Fortschritte nicht nur bei der Retrodigitalisierung von Archivgut, sondern auch bei deren Präsentation mithilfe innovativer Viewertechnologie. Weitere Überlegungen und Umsetzungsschritte drehen sich schließlich um zukunftsweisende Themenfelder der Nutzung und Vermittlung wie Citizen Science, aber auch die Volltextbereitstellung und Indexerstellung maschinen- und handschriftlicher Unterlagen und die Verfügbarkeit immer elaborierterer Such- und Abfragemöglichkeiten. Aufbau und die Ausgestaltung virtueller Lesesäle erlauben die Nutzung der wachsenden Menge in die Archive übernommener digitaler Unterlagen. Längst scheint es nicht mehr um den Abbau von Erschließungsrückständen und die Digitalisierung zumindest der wichtigsten Arbeitsprozesse zu gehen, sondern bereits um die unterschiedlichsten Anwendungsbereiche künstlicher Intelligenz.

Die Realität vieler kleiner und kleinster Archive sieht allerdings noch immer ganz anders aus. Viele Bausteine der gerade skizzierten neuen Archivwelt liegen für die dort tätigen Kolleginnen und Kollegen derzeit noch in unerreichbar weiter Ferne. Es fehlt bereits an der einfachsten technischen Voraussetzung moderner Archivarbeit: einer zeitgemäßen Erschließungsdatenbank zur Erfassung und Onlinebereitstellung digitaler Erschließungsdaten.

Freilich ist die soeben skizzierte Situation kleiner und kleinster Archive nichts Neues. Ebenso wenig die Tendenz, dass sich das Leistungsspektrum von Archiven tendenziell eher noch weiter zu entkoppeln als enger zusammenzurücken scheint. Wenigen leistungsstarken Häusern gelingt es, mit der Zeit zu gehen und mit der fachlichen und technischen Entwicklung einigermaßen Schritt zu halten. Sehr viele andere – und dabei quantitativ der deutlich größere Teil der Sparte – bleiben mehr oder weniger weit zurück. Dabei haben auch *innovationsfähige* Archive keine Veranlassung, nur auf die erfolgreiche Weiterentwicklung der eigenen Einrichtung zu blicken und dem technischen Leistungsgefälle der Community schicksalsergeben seinen Lauf zu lassen.

Wissenschaftlich und gesellschaftlich relevante Überlieferungen finden sich in allen Archiven – ganz unabhängig von ihrer Größe oder Leistungsfähigkeit. Für die Wahrnehmung des gesamten Archivwesens und seiner Schätze in der digitalen Welt ist daher eine starke und lebendige Community wichtig, in der auch die kleinen und ganz kleinen Einrichtungen ihren Platz haben und sichtbar sind.

Das Projekt EEZU

An dieser Stelle setzt das von FIZ Karlsruhe – Leibniz-Institut für Informationsinfrastruktur[1] und dem Landesarchiv Baden-Württemberg gemeinsam durchgeführte Projekt *EEZU* an. Die Abkürzung steht für *Einfaches Erschließungs- und Zugriffssystem*. Es handelt sich um eine Archiv-Software, die speziell für kleine beziehungsweise ressourcenschwache Archive in der ganzen Republik zur Verfügung steht. EEZU soll dabei all jenen Archiven einen zur Abdeckung wesentlicher Basisaufgaben ausreichenden Funktionsumfang bieten, für die die leistungsfähigen und im Markt eingeführten Systemlösungen nicht in Frage kommen. Ausgangspunkt des Vorhabens ist die gemeinsame Verantwortung von FIZ Karlsruhe und dem Landesarchiv für den Betrieb und die Weiterentwicklung des Archivportals-D[2] als spartenspezifische Sicht auf die in der Deutschen Digitalen Bibliothek (DDB)[3] verfügbaren Daten aus derzeit 270 Archiven der Bundesrepublik. Seit der Freischaltung des Archivportals im Herbst 2014 ist zwar sowohl die Zahl der teilnehmenden Einrichtungen als auch der Umfang der bereitgestellten Daten stetig gewachsen. Gleichwohl sind dort die Unterlagen sehr vieler deutscher Archive noch nicht recherchierbar. Die unzureichende Digitalisierung eigener Arbeitsprozesse steht dabei noch immer als Hindernis zwischen sehr vielen Archiven und ihrer Sichtbarkeit in der digitalen Welt.

Zielsetzung des EEZU-Projekts ist es vor diesem Hintergrund, auch ressourcenschwachen Archiven eine zuverlässige Perspektive zur Onlinebereitstellung von Erschließungsdaten und Digitalisaten im Archivportal-D zu bieten. An Kommunalarchive ist dabei ebenso gedacht wie an Unternehmensarchive, Hochschularchive sowie insbesondere die zahlreichen freien Archive, die oftmals nur oder in erster Linie aufgrund des ehrenamtlichen Engagements in Vereinen organisierter Personen existieren können. EEZU soll sich dabei auch ausdrücklich für den Einsatz in Archiven eignen, die von Kolleginnen und Kollegen ohne archivfachliche Ausbildung geleitet werden und solche Einrichtungen ebenfalls in die Lage versetzen, mit einfachen Mitteln erschließungsstandardkonforme und portalfähige Daten zu erstellen.

Im Rahmen eines gemeinsamen, zwischen Februar 2021 und Januar 2024 von der Deutschen Forschungsgemeinschaft geförderten Projekts haben FIZ Karlsruhe und das Landesarchiv eine

---

[1] Webauftritt unter: https://www.fiz-karlsruhe.de/de (aufgerufen am 12.02.2024).
[2] Startseite des Archivportals-D: https://www.archivportal-d.de (aufgerufen am 12.02.2024).
[3] Startseite der DDB: https://www.deutsche-digitale-bibliothek.de/ (aufgerufen am 12.02.2024).

erste Produktivversion des Systems erarbeitet.[4] FIZ Karlsruhe war für die Softwareentwicklung verantwortlich und wird im Anschluss an die Projektphase den Betrieb sowie die technische Pflege und Weiterentwicklung der Software übernehmen. Das Landesarchiv übernahm in der Projektphase die Aufgabe, für die archivfachliche Begleitung des Vorhabens zu sorgen. Dazu gehörte auch die Betreuung der an der Entwicklung der Software beteiligten Pilotarchive. Ihnen kam die wichtige Rolle zu, die Perspektiven und Anforderungen der Zielgruppe direkt in die Entwicklung von EEZU einzubringen und die Software auch früh selbst zu testen.[5]

Im Anschluss an die Projektlaufzeit sind vom Landesarchiv bereitgestellte Schulungsangebote vorgesehen, um Kolleginnen und Kollegen bei den ersten Schritten und der Bedienung der Software zu unterstützen und um EEZU auch für Quereinsteigerinnen und Quereinsteiger attraktiv zu machen.

Funktionsumfang von EEZU

Erschließung und Indizierung

Damit zu einer Kernfrage des Projekts: Was kann eine einfache und kostengünstige Software zur Erschließung und Online-Präsentation von archivischen Findmitteln und Digitalisaten konkret leisten? Zunächst soll die Software dazu dienen, Archiven ohne Erschließungsdatenbank an wesentlicher Stelle die tägliche Arbeit zu erleichtern und effizienter zu gestalten. Die Erstellung und Verwaltung von Erschließungsdaten erfolgt auch in EEZU über den in archivischen Erschließungssystemen gängigen Tektonikbaum. Dort kann zunächst eine variabel gestufte Beständeübersicht erstellt werden, um die in einem Archiv in der Regel bereits vorhandene Tektonik in den Archivbaum übertragen zu können. Im Baum lassen sich anschließend Datensätze zu den einzelnen Beständen erstellen und einreihen, welche wiederum flexibel durch Klassifikationen untergliedert werden können. Je nach Bedarf lassen sich Datensätze später einzeln oder en bloc innerhalb des Archivbaums verschieben.

Auf den unteren Erschließungsstufen sind derzeit sechs Erschließungsformulare zur Erstellung von Datensätzen für Serien, Verzeichnungseinheiten, Vorgänge und Einzeldokumente umgesetzt. Sie entsprechen den quantitativ häufigsten Archivaliengattungen. Eigene Formulare gibt es für Urkunden, Amtsbücher, Fotos, Personenakten und Sachakten. Für Karten und Plakate ist ein gemeinsames Formular *Großformate* vorgesehen. Um die Erschließungsoberflächen übersichtlich zu halten, bestehen die Formulare aus Standardfeldern und Ergänzungsfeldern, die bei Bedarf variabel hinzugefügt werden können.

---

[4] Vgl. die Projektbeschreibungen auf dem DFG-Portal GEPRIS (https://gepris.dfg.de/gepris/projekt/449727012?context=projekt&task=showDetail&id=449727012&) sowie dem Webauftritt von FIZ Karlsruhe (https://www.fiz-karlsruhe.de/de/forschung/eezu) (aufgerufen am 12.02.2024).

[5] An dieser Stelle sei den Kolleginnen und Kollegen in den Pilotarchiven herzlich für ihre aktive Unterstützung des Projekts gedankt. Vertreten waren vor allem Kreis- und Stadtarchive, aber auch ein Vereinsarchiv.

Über die Implementierung des *Repräsentationenmodells*[6] besteht darüber hinaus die Möglichkeit, unterschiedliche Erscheinungsformen einzelner Verzeichnungseinheiten nachzuweisen und zu verwalten. Zur Verfügung stehen separate Formularabschnitte für analoges Archivgut, Mikroformen, retrodigitalisiertes Archivgut sowie für originär digitale Unterlagen. Hierdurch lassen sich unterschiedliche Informationen gezielt der jeweiligen Erscheinungsform zuordnen und kombinieren. Für ein digitalisiertes Amtsbuch ließen sich dementsprechend Angaben zu vorhandenen Schädigungen am Papier mit dem Rechtehinweis des zugehörigen Digitalisats oder auch der Nummer des Mikrofilms verknüpfen, von dem aus das Digitalisat erstellt wurde. Einer archivgesetzlichen Schutzfrist unterliegende Erschließungsinformationen lassen sich markieren und vom Datenexport aus EEZU ausschließen.

Vergleichbar mit anderen modernen Erschließungsdatenbanken ist in EEZU das im internationalen Erschließungsstandard ISAD(G)[7] vorgesehene Stufenmodell hinterlegt. Dementsprechend entstehen auch dann in wesentlichen Teilen ISAD(G)-konforme Erschließungsdaten, wenn Anwenderinnen und Anwender ohne Kenntnisse des Standards die Software bedienen.[8] Um für die in EEZU erfassten Erschließungsdaten größtmögliche technische Anschlussfähigkeit herzustellen, ist jenseits von ISAD(G) auch ein Einstieg in die Implementierung des Nachfolgestandards Records in Contexts[9] geplant.

Jenseits der Erschließung soll EEZU standardmäßig auch die einfache und intuitive Indizierung von Erschließungsdaten und die Verwaltung beständeübergreifender Indexlisten unterstützen. Dabei geht es ausdrücklich um Orts- und Personenindizes, die mit Normdaten angereichert sind.[10] Auf diese Weise tragen Normdatenverknüpfungen aus EEZU dazu bei, das Angebot auto-

---

[6] Das ursprünglich für die Archivierung digitaler Unterlagen entwickelte Modell wurde 2015 auf analoge Erscheinungsformen erweitert, vgl. PREMIS 3.0, 2015, S. 8, online unter: https://www.loc.gov/standards/premis/v3/premis-3-0-final.pdf (aufgerufen am 12.02.2024).

[7] Deutsche Fassung online im Webangebot der Archivschule Marburg unter: https://www.archivschule.de/uploads/Publikation/VOE23/VOe23_2011_Gesamt.pdf (aufgerufen am 12.02.2024).

[8] Über die technische Implementierung nicht zu gewährleisten sind Standardelemente wie beispielsweise die Redundanzvermeidung, für die eine korrekte Befüllung von Datenbankfeldern notwendig ist.

[9] Online im Webangebot des International Council on Archives unter: https://www.ica.org/resource/records-in-contexts-conceptual-model/ (aufgerufen am 12.02.2024).

[10] Vgl. Wolfgang *Krauth*, Sina *Westphal* und Peter *Sandner*: Archivische Erschließung mit Normdaten. In: Archivar 73 (2020) S. 142–144, online unter: https://www.archive.nrw.de/sites/default/files/media/files/Archivar_2020-2_Internet.pdf. – Gerhard *Müller*: Die Normdatei als ein Mittel in der Erschließung von Archivbeständen. In: Brandenburgische Archive 32 (2015) S. 8–16. – Andreas *Neuburger*: Vom Desiderat zur gelebten Praxis! Die Nutzung der Gemeinsamen Normdatei (GND) in der Erschließung. In: Archivpflege in Westfalen-Lippe 95 (2021) S. 30–34, online unter: https://epflicht.ulb.uni-muenster.de/urn/urn:nbn:de:hbz:6:2-1581054. – Jesper *Zedlitz*: Biographische Normdaten. Ein Überblick. In: Archivar 70 (2017) S. 22–25, online unter https://www.archive.nrw.de/sites/default/files/media/files/Archivar_1_2017.pdf. – Franz-Josef *Ziwes*: Archive als Leuchttürme. Die Erschließung mit Normdaten als Aufgabe und Chance. In: Archive ohne Grenzen. Erschließung und Zugang im europäischen und internationalen

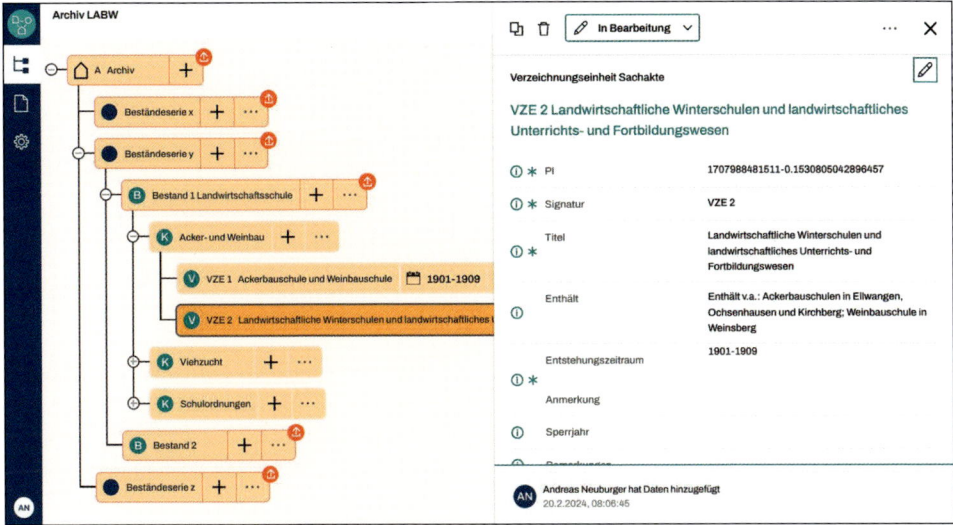

Abb. 1: Screenshot der Erschließungsoberfläche mit dem Tektonikbaum und einem Teil des Sachaktenformulars. Vorlage: LABW.

matisch referenzierbarer Personenbezüge in dem zur öffentlichen Präsentation der EEZU-Daten vorgesehenen Archivportal-D (siehe unten) quantitativ signifikant zu erweitern und darüber hinaus zu diversifizieren.[11]

Verknüpfung und Hosting von Digitalisaten

Sind erst einmal digitale Erschließungsdaten und Findmittel vorhanden, bietet sich Archiven die Möglichkeit, mit der Digitalisierung analogen Archivguts zu beginnen. Für die Verwaltung der Retrodigitalisate steht in EEZU ein separater Arbeitsbereich zur Verfügung. Dort lassen sich zunächst die im Archivbaum vorhandenen Bestände aufrufen und anschließend die einzelnen Verzeichnungseinheiten auswählen, mit denen die Digitalisate verknüpft werden sollen. Neben

---

Kontext. 83. Deutscher Archivtag in Saarbrücken (Tagungsdokumentation zum Deutschen Archivtag 18). Fulda 2014. S. 79–87 (alle aufgerufen am 12.02.2024).

[11] Technisch umgesetzt ist dies in Form der *Personenseiten* im Archivportal-D. Alle einschlägigen Treffer zu einer bestimmten Person werden dort zusammengefasst und mit Verlinkungen zu weiteren Webressourcen angereichert. Vgl. exemplarisch die Personenseite zu Theodor Heuss unter: https://www.archivportal-d.de/person/gnd/118550578 (aufgerufen am 12.02.2024).

Dateiname, -größe und Erstellungsdatum sowie einer Thumbnailansicht bietet die Bedienoberfläche Anwenderinnen und Anwendern die Möglichkeit, direkt Detailansichten der einzelnen Images anzeigen zu lassen.

Neben der Zuordnung einzelner Digitalisate zu einer Verzeichnungseinheit (etwa bei Fotografien) kann auch eine größere Anzahl Dateien in der korrekten Reihenfolge zugeordnet werden, wie es vor allem bei der Digitalisierung von Akten und Amtsbüchern notwendig ist. Die eigentliche Verknüpfung erfolgt dabei über Ordner, in denen die zur Langzeiterhaltung bestimmten Masterdateien getrennt von den für die Onlinepräsentation geeigneten Webfassungen abgelegt werden. Wie bereits bei den Erschließungsdaten wird auch für Digitalisate die Möglichkeit bestehen, verknüpfte, jedoch beispielsweise aufgrund urheberrechtlicher Einschränkungen für die Onlinestellung gesperrte Bilder nicht im Internet bereitzustellen.

Wenn EEZU als ein von FIZ Karlsruhe gehostetes Angebot eingesetzt wird (vgl. die Betriebsmodelle für EEZU), erfolgt die Speicherung der dort vorgehaltenen Digitalisate nicht lokal, sondern in der Speicherinfrastruktur von FIZ Karlsruhe. Aus den anfallenden Betriebskosten ergibt sich zwangsläufig, dass dieser Teil des Funktionsumfangs den Archiven nicht kostenlos angeboten werden kann. Die Höhe der Gebühren wird sich dabei nach der benötigten Speichermenge einer Einrichtung richten.

Online-Präsentation von Erschließungsdaten und Digitalisaten

Neben der Datenbank zur Erfassung und Verwaltung von Erschließungsdaten und Digitalisaten zählt die daran anschließende Online-Präsentation der schutzfristfreien Daten zum Funktionsangebot von EEZU. Hierzu wird keine neue Präsentationsplattform entwickelt. Stattdessen ist vorgesehen, die Daten direkt ins Archivportal-D einzuspielen und auf die dort bereits vorhandene Technik zurückzugreifen.[12] Um den Archiven auch hierzu ein möglichst niedrigschwelliges Angebot unterbreiten zu können, ist vorgesehen, Erschließungsdaten und Digitalisate direkt an die beim Landesarchiv Baden-Württemberg angesiedelte *Fachstelle Archiv* der DDB auszuspielen.

Die Bereitstellung im Archivportal-D bietet mehrere unmittelbare Vorteile. Zum einen hat sich die Plattform seit der Freischaltung 2014 zum zentralen Recherche- und Nachweissystem für Findmittel und Digitalisate aus deutschen Archiven entwickelt und etabliert – belegt durch erfreulich nachhaltig wachsende Zugriffszahlen. Nicht zu unterschätzen ist darüber hinaus der Aspekt, dass das Archivportal-D im Rahmen des von FIZ Karlsruhe verantworteten Systembetriebs auch an den zukünftigen informationstechnischen Entwicklungsfortschritten teilhat. Damit ist die Einbindung der aus EEZU stammenden Daten in eine moderne Informationsinfrastruktur gewährleistet – bis hin zu der im Aufbau befindlichen und auch für die Archivcommunity

---

[12] Über die Erzeugung eines METS/MODS-Formats wird auch die Benutzung des DFG-Viewers möglich sein. Vgl. dazu die Dokumentation des von der SLUB Dresden entwickelten Viewers unter: https://dfg-viewer.de/ (aufgerufen am 12.02.2024).

relevanten Nationalen Forschungsdateninfrastruktur (NFDI).[13] Im Gespräch ist außerdem eine Möglichkeit, die in EEZU verwalteten onlinefähigen Daten aus dem Archivportal-D heraus in die Webseite des jeweiligen Archivträgers einzubinden. Hintergrund ist die Annahme, dass der eigene Internetauftritt beispielsweise einer Kommune für die an den Rechercheangeboten des Stadtarchivs interessierten Personen naheliegender und vor allem auch bekannter ist als das bundesweit orientierte Archivportal-D.

Erschließung und Verwaltung digitaler Unterlagen

Als letzter Funktionsbereich von EEZU ist schließlich die Verwaltung digitaler Unterlagen zu nennen. Dabei hat sich während der Projektlaufzeit gezeigt, dass dem Arbeitsfeld höhere Relevanz zukommt als zunächst vermutet. Immer mehr Archive sehen sich mit der Anforderung ihrer Träger konfrontiert, in die Archivierung digitaler Unterlagen einzusteigen – und zwar unabhängig von der Frage, ob ein Archiv bereits über eine Erschließungsdatenbank verfügt oder nicht. Die hierzu angebotene Komponente wird allerdings keine neu entwickelte Langzeitarchivierungslösung beinhalten, sondern erst einmal als Schnittstelle zu verbreiteten Systemen wie DIMAG[14] und RADAR[15] umgesetzt. Abhängig vom Bedarf der an einem EEZU-Einsatz interessierten Einrichtungen bleibt zukünftig zu prüfen, ob auch die Anbindung weiterer am Markt befindlicher Lösungen zur Archivierung digitaler Unterlagen nachgefragt wird.

Zielsetzung ist es hierbei, sachgerecht übernommene und gespeicherte digitale Überlieferungen sowie solche aus E-Aktensystemen nicht auf Archivseite mit der EDV-Steinzeit zu konfrontieren – etwa in Form einer Erschließung auf Basis einer Tabellenverarbeitungssoftware. Stattdessen soll es auch kleinen Einrichtungen möglich sein, analoge und digitale Überlieferungen möglichst gleichförmig zu verwalten und unabhängig von ihrer physischen Erscheinungsform online zu präsentieren – wiederum mit der Einschränkung, dass dies nur für schutzfristfreie Daten gelten kann.[16]

---

[13] Vgl. dazu den Beitrag von Matthias Razum in diesem Band. Daneben sei auf den Webauftritt des NFDI e.V. hingewiesen: https://www.nfdi.de/ (aufgerufen am 12.02.2024).

[14] Vgl. das öffentliche DIMAG-Wiki unter: https://dimag-wiki.la-bw.de/xwiki/bin/view/Main/ (aufgerufen am 12.02.2024).

[15] Vgl. dazu das Onlineangebot von FIZ Karlsruhe unter: https://www.fiz-karlsruhe.de/de/produkte-und-dienstleistungen/radar (aufgerufen am 12.02.2024).

[16] Nicht zum Funktionsumfang von EEZU zählt der geschützte virtuelle Lesesaal zur Onlinebereitstellung gesperrter digitaler Unterlagen.

Betriebsmodelle für EEZU

EEZU wird ausschließlich als webbasierte Software zur Verfügung stehen, die mit allen gängigen und aktuell gehaltenen Internetbrowsern gleichermaßen betrieben werden kann. Dementsprechend zeichnet FIZ Karlsruhe für die Einhaltung der Anforderungen zur Informations- und Datensicherheit verantwortlich.

Für den Betrieb der Software in einem Archiv stehen dabei zwei Alternativen zur Verfügung.[17] Zum einen wird EEZU als kostenfreie Open Source-Software zum Download angeboten. In diesem Szenario wird von einer Einrichtung unter anderem eine lokal installierte SQL-Datenbank benötigt, auf welche die Software aus dem Browser heraus zugreifen kann und die die Erschließungsdaten verwaltet. Digitalisate sowie originär digitale Unterlagen müssten in diesem Betriebsmodell mithilfe eigener Infrastruktur gespeichert werden. Dasselbe gilt für Backups und einem gegenüber Datenverlust abgesicherten Betrieb der Software.

Als zweite Variante bietet FIZ Karlsruhe ein gebührenpflichtiges Hosting der Anwendung inklusive der Daten an. Erschließungsdaten und gegebenenfalls auch die vorhandenen Digitalisate liegen dann auf Servern von FIZ Karlsruhe und werden dort durch Backups gesichert. Hierzu ist der Abschluss einer Vertragsvereinbarung zwischen FIZ Karlsruhe und denjenigen Archiven notwendig, die EEZU als gehosteten Dienst einsetzen möchten. Mit Blick auf die Zielgruppe der Software war für dieses Betriebsmodell von vornherein eindeutig, dass jenseits des Funktionsumfangs und der Bedienbarkeit der Preis ein wesentliches Kriterium für den Erfolg von EEZU darstellen würde. Ein nach der Größe eines Archivs gestaffeltes Gebührenmodell soll dabei gewährleisten, dass die Erschließungsdatenbank auch für finanziell knapp ausgestattete Archive erschwinglich bleibt.

Beide Betriebsmodelle haben gemeinsam, dass es zur Onlinepräsentation von Erschließungsinformationen und Digitalisaten im Archivportal-D notwendig ist, eine Datenpartnerschaft mit der Deutschen Digitalen Bibliothek einzugehen.[18] Sollte ein Archiv bereits vor der EEZU-Einführung über digitale Erschließungsdaten verfügen, können diese unter bestimmten Voraussetzungen in die Datenhaltung von EEZU importiert werden. Hierfür geeignet sind aus einer Tabellenverarbeitungssoftware stammende Daten, die sich als csv-Dateien ausgeben lassen. Dasselbe gilt für Datenbanksysteme (auch älteren Herstellungsdatums), aus denen sich eine xml-Datei erstellen lässt. Weil sich für die in kleinen Archiven sehr unterschiedlich strukturierten Bestandsdaten abzeichnet, dass individuelle Importlösungen erforderlich sein werden, wird keine von Archivarinnen oder Archivaren selbst zu bedienende Importoberfläche bereitgestellt. Stattdessen ist geplant, dass FIZ Karlsruhe einzelne Einrichtungen bilateral bei der Datenmigration technisch unterstützt. Keine Importperspektive besteht demgegenüber für Erschließungsdaten,

---

[17] Für weitere Informationen und technische Beratung steht FIZ Karlsruhe unter der folgenden Webseite zur Verfügung: https://www.fiz-karlsruhe.de/de/forschung/eezu.

[18] Informationen hierzu unter: https://www.deutsche-digitale-bibliothek.de/content/datenpartner-werden (aufgerufen am 12.02.2024).

die mithilfe von Textverarbeitungsprogrammen wie beispielsweise Microsoft Word oder dem LibreOffice Writer erstellt wurden.

Fazit

Mit dem skizzierten Funktionsumfang von EEZU werden kleine Archive in die Lage versetzt, tägliche Arbeitsprozesse in den wesentlichen Aufgabenfeldern Erschließung, Digitalisierung und Onlinebereitstellung effizient und digital zu organisieren. Jenseits der konkreten Arbeitserleichterung und der erhöhten Sichtbarkeit von außen eröffnet EEZU damit auch die Möglichkeit, Drittmittelförderungen für Erschließungs- und Digitalisierungsprojekte bewilligt zu bekommen, die bislang aufgrund der Verpflichtung zur unmittelbaren Onlinestellung der Projektergebnisse in weiter Ferne lagen.[19] Wichtigstes Ziel des EEZU-Projekts ist es, möglichst rasch möglichst vielen Archiven eine Perspektive zu bieten, ihre Erschließungsdaten im Archivportal-D als der in der Bundesrepublik technisch etablierten übergreifenden Infrastruktur online zu stellen. Wenn dies mithilfe von EEZU nun auch einer größeren Anzahl bisher von einer Datenbereitstellung abgeschnittenen Einrichtungen gelingt, nutzt dies der gesamten Sparte und trägt zu einer lebendigen Archiv-Community bei.

---

[19] Neben dem DFG-Programm zur Digitalisierung und Erschließung (https://www.dfg.de/de/foerderung/foerdermoeglichkeiten/programme/infrastruktur/lis/lis-foerderangebote/digitalisierung-erschliessung) ist hier etwa die Stiftung Kulturgut Baden-Württemberg zu nennen (https://mwk.baden-wuerttemberg.de/de/kunst-kultur/kultursparten/archivwesen-und-kulturgut/) (aufgerufen am 12.02.2024).

Innovativ und offen.
Der Digitale Lesesaal der Staatsarchive Basel-Stadt und St.Gallen

Von Lambert Kansy

Die nachfolgenden Ausführungen beziehen sich auf das von den Staatsarchiven der Kantone St.Gallen und Basel-Stadt gemeinsam konzipierte und umgesetzte Projekt digitalAccess2archives zur Entwicklung und Einführung eines Digitalen Lesesaals. Mit diesem sollen die unterschiedlichen Benutzungsprozesse in einer einheitlichen Softwarelösung abgebildet und durchgeführt werden.

Zuerst werden knapp die Meilensteine und Etappen des Projekts beschrieben. Anschliessend wird aufgezeigt, welche Herausforderungen zu bewältigen waren. Im dritten Abschnitt werden die Resultate des Projekts vorgestellt und im letzten Abschnitt ein bilanzierender Rückblick auf das Vorhaben sowie ein Ausblick auf die nächsten Entwicklungen gegeben.

Meilensteine und Etappen

Das Vorhaben beschäftigte beide Archive im Zeitraum von 2013 bis 2022 zeitweise intensiv. Im Rahmen der Projektinitialisierung wurde 2013 eine gemeinsame Machbarkeitsstudie erarbeitet, die die grundsätzliche Umsetzbarkeit beurteilte, erste Lösungsvarianten skizzierte und 2014 abgeschlossen wurde.[1] Das Ergebnis war positiv, so dass beschlossen wurde, die konzeptionellen Vorarbeiten zu beginnen.[2]

---

[1] Vgl. Lambert *Kansy* und Martin *Lüthi*: Machbarkeitsstudie zum digitalen Lesesaal. Ein gemeinsamer Ansatz der Staatsarchive Basel-Stadt und St.Gallen. 2014. https://www.sg.ch/content/dam/sgch/kultur/staatsarchiv/auds-2014/digitaler-lesesaal/03-Praesentation%20Kansy%20Luethi.pdf (aufgerufen am 14.02.2024).

[2] Vgl. Lambert *Kansy* und Martin *Lüthi*: digitalAccess2archives: Werkstattbericht digitaler Lesesaal. Ein Projekt der Staatsarchive St.Gallen und Basel-Stadt. In: Digitale Archivierung: Innovationen – Strategien – Netzwerke. Hrsg. von Österreichisches Staatsarchiv, Generaldirektion. Innsbruck 2016. S. 109–124. – Lambert *Kansy* und Martin *Lüthi*: digitalAccess2archives: Werkstattbericht digitaler Lesesaal. Ein gemeinsames Projekt der Staatsarchive Basel-Stadt und St.Gallen. 2015 https://www.sg.ch/content/dam/sgch/kultur/staatsarchiv/auds-2015/digitaler-lesesaal,-nutzung-digital-archivierter-daten/02-_Kansy,%20Lambert%20&%20L%C3%BCthi,%20Martin_%20digitalAccess2archives%20-%20Werkstattbericht%20Digitaler%20Lesesaal.%20Ein%20Projekt%20der%20Staatsarchive%20St.%20Gallen%20und%20Basel-.pdf (aufgerufen am 14.02.2024).

Diese erstreckten sich über einen Zeitraum von rund sechs Jahren und umfassten die Mitwirkung an archivübergreifenden Grundlagenprojekten. Hierzu zählt das Projekt «Konzept und Anforderungskatalog des virtuellen Lesesaals» der Arbeitsgruppe Zugang und Vermittlung des Vereins der schweizerischen Archivarinnen und Archivare (VSA).[3] Mit diesem Dokument wurden erstmals der Benutzungsprozess in einem virtuellen Lesesaal, die wesentlichen Benutzungsfälle und ein Anforderungskatalog erarbeitet. Im Rahmen eines KOST-Projekts wurde 2016 ein «Referenzmodell für ein Archivinformationssystem» konzipiert.[4] Für den Digitalen Lesesaal ist es relevant, da die Abbildung der Benutzungsprozesse nicht als Bestandteil eines Archivinformationssystems (AIS) verstanden wurde. Dies schuf Klarheit hinsichtlich der Abgrenzung zwischen Digitalem Lesesaal und dem AIS sowie der benötigten Schnittstellen.

Im Zuge der Konzeptarbeit für den Digitalen Lesesaal führten beide Staatsarchive von 2016 bis 2018 einen aufwändigen Service-Design-Prozess durch, in dem die bestehenden Prozesse und Dienstleistungen in der archivischen Benutzung und in der Vermittlung ganzheitlich analysiert und auf Verbesserungsbedarf hin geprüft wurden. Dies schloss auch ausschließlich analoge Dienstleistungen in Benutzung und Vermittlung ein, um so die notwendigen Schnittstellen des Digitalen Lesesaals zur analogen Serviceumgebung vor Ort erkennen und beschreiben zu können. Zudem wurde eine Blaupause der künftig anzubietenden Services erarbeitet. Hierbei wurde sowohl die Binnenperspektive der beiden Archive als auch die Außensicht von Benutzenden einbezogen.[5]

Die umfangreichen Vorarbeiten waren notwendig, um eine solide Basis für das Unternehmen zu schaffen. Denn als die beiden Staatsarchive 2013 mit ihren Überlegungen starteten, gab es nur sehr wenige konzeptionelle Grundlagen. Auf Grundlage dieser Arbeiten wurde 2018 und 2019 das Lastenheft mit Anforderungskatalog erarbeitet sowie Grobkonzepte zur Informationsarchitek-

---

[3] Vgl. Jonas *Arnold* u. a.: Konzept und Anforderungskatalog virtueller Lesesaal. 2015. https://archiv.vsa-aas.ch/wp-content/uploads/2016/04/Konzept_und_Anforderungskatalog_Virtueller_Lesesaal.pdf (aufgerufen am 14.02.2024).

[4] Vgl. Olivier *Debenath* u. a.: KOST Diskussionspapier AIS-Modell. Konzeptionelles Modell für Archivinformationssysteme. 2016. https://kost-ceco.ch/cms/index.php?konzeptionelles-modell-f%C3%BCr-archivinformationssysteme (aufgerufen am 14.02.2024).

[5] Vgl. Evert Ypma: Digital service design strategy State Archive Basel-Stadt and State Archive St. Gallen. Designing online access. 2018. https://imaginingscience.eu/digital-service-design-strategy-state-archives-basel-stadt-and-st-gallen/ (aufgerufen am 14.02.2024). – Esther *Baur*, Lambert *Kansy*, Martin *Lüthi*: Service Design für den Digitalen Lesesaal. Zur Konzeption des digitalen Lesesaals – das Projekt digital Access2archives der Staatsarchive Basel-Stadt und St.Gallen. 2019. https://www.sg.ch/content/dam/sgch/kultur/staatsarchiv/dateien-stasg/erschlie%C3%9Fung-und-nutzung/15_Kansy_auds2019_da2a_praesentation_ohneKommentare.pdf (aufgerufen am 14.02.2024). – Esther *Baur*, Lambert *Kansy*, Martin *Lüthi*: Service Design für den Digitalen Lesesaal. Zur Konzeption des digitalen Lesesaals – das Projekt digitalAccess2archives der Staatsarchive Basel-Stadt und St.Gallen. In: 23. Tagung des Arbeitskreises „Archivierung von Unterlagen aus digitalen Systemen". Hrsg. von Karolína Šimůnková, Milan Vojáček. Prag 2020. S. 129–139.

tur, Search & Retrieval sowie zur Technologiearchitektur des Digitalen Lesesaals. Im Mai 2020 erfolgte eine erste Ausschreibung, die mangels vergleichbarer Offerten jedoch abgebrochen werden musste. Im zweiten Anlauf konnten wir im März 2021 den Zuschlag an die Firma 4teamwork vergeben.[6]

Die Realisierungsarbeiten starteten im Mai 2021 und wurden im November 2022 abgeschlossen. Die Inbetriebnahme und Einführung erfolgte mit dem Go-Live am 24. November 2022.

Herausforderungen

Das Projekt beinhaltete Herausforderungen auf zwei Ebenen: zum einen inhaltlicher Art in Bezug auf den Funktionsumfang der Lösung und deren genaue Ausgestaltung, zum anderen methodischer Art vor allem hinsichtlich der Projektabwicklung über einen derart langen Zeitraum und der Koordination der unterschiedlichen Abläufe in zwei Kantonen vom Projektmanagement bis zur Mittelbeschaffung.

Die Hauptfrage bei den inhaltlichen Herausforderungen bestand darin, eine Lösung zu entwickeln, die den Bedürfnissen der unterschiedlichen Benutzergruppen eines Archivs gerecht werden kann. Wir differenzierten erstmals die „Allgemeinheit" oder „das Publikum" als abstrakten Adressaten all unserer Dienstleistungen aus und ermittelten vielmehr die Bedürfnisse klar definierter Benutzergruppen. Diese bringen unterschiedliche Voraussetzungen mit. Gleichzeitig galt es zu verhindern, mit dem Projekt unterschiedliche technische Zugänge für diese Gruppen zu schaffen. Trotz der diversen Bedürfnisse, Anforderungen und Voraussetzungen einen einheitlichen Zugang zu konzipieren und auszugestalten, war die Kernaufgabe.

Von Anfang an bestand die Absicht, mit dem Digitalen Lesesaal ein einheitliches und zusammenhängendes System zu schaffen, in dem alle Dienstleistungen innerhalb von Benutzung und Vermittlung, sofern sie in digitaler Form erbracht werden können, zusammengefasst sind und so den Benutzenden eine einheitliche Nutzungserfahrung bieten. Es sollte explizit kein Patch-Work aus einem Präsentationssystem neben einem Suchsystem und nochmals separierten Vermittlungswerkzeugen entstehen, in dem die einzelnen Komponenten zwar jeweils optimal auf ihre jeweilige Funktion ausgerichtet sind, sich jedoch in der Bedienung und Handhabung unterscheiden von den anderen Komponenten und so keine einheitliche User Experience bieten. Wir strebten eine Lösung an, in der alle Services für die Benutzenden integriert sind und die auch aus Sicht des Archivs eine möglichst einfache Bedienung und Bewirtschaftung erlaubt. Das reicht von der Suche und der Bestellung von Archivgut bis hin zu Vermittlungsangeboten oder User Generated Content. Der Digitale Lesesaal stellt ein System für die Suche und Bestellung von digitalem und analogem Archivgut dar, sowohl für die Nutzung vor Ort im Archiv respektive Lesesaal als auch für eine direkte digitale Nutzung online mithilfe von Viewern und Playern als integrierten Präsen-

---

[6] Vgl. DLS – Digitaler Lesesaal der Staatsarchive Basel-Stadt und St.Gallen (IT-DL & Software). Zuschlag. In: Kantonsblatt Basel-Stadt. 03.03.2021. https://www.kantonsblatt.ch/#!/search/publications/detail/d817d842-81be-431c-86fe-82c8241e59fb (aufgerufen am 14.02.2024).

tationswerkzeugen. Neben der Nutzung im Lesesaal soll auch die Verwaltungsausleihe unterstützt werden. Zudem soll bei Archivgut, das nicht frei zugänglich ist aufgrund archivischer Schutzfristen oder des Urheberrechts die Möglichkeit geboten werden, direkt im Zuge der Bestellung ein entsprechendes Einsichtsgesuch zu stellen. Zudem sollen Reproduktionsaufträge aufgegeben werden können. Neben diesen Benutzungsangeboten sollen auch Angebote der Vermittlung und der Archivpädagogik realisiert werden sowie Wissen und Engagement der Archivbenutzenden genutzt werden zur Generierung von User Generated Content, um die vom Archiv erarbeiteten und präsentierten Metadaten zu ergänzen und gegebenenfalls Verbesserungsvorschläge einzubringen.

Schließlich bestand der Anspruch, eine Lösung zu erarbeiten mit sehr hoher Usability, die intuitiv benutzbar ist und zugleich sehr hohe Ansprüche an die Einhaltung von Datenschutz und Informationssicherheit erfüllt. Das ist auf den ersten Blick nicht einfach zu kombinieren und hat uns einige Diskussionen mit dem Datenschutz und den Informationssicherheitsbeauftragten der kantonalen Verwaltungen führen lassen wie auch mit den Lösungsarchitekten für die Informations- wie die Technologiearchitektur. Diese Diskussionen haben sich gelohnt, da auf diese Weise auf beiden Seiten ein Verständnis der Aufgabe und der Zielsetzung entstehen konnte und alle Beteiligten nicht gegeneinander, sondern miteinander an einer gemeinsamen Lösung zu arbeiten begannen.

In methodischer Sicht war das Projekt anspruchsvoll aufgrund der langen Dauer: es galt sicherzustellen, dass die Zielsetzungen nicht aus dem Auge verloren wurden, das Projekt sich nicht verzettelte und die Energie und das Commitment der Beteiligten erhalten blieb. Dies war, gerade auch bei temporären Rückschlägen, Verzögerungen und unerwarteten Entwicklungen – wie sie die genannten Grundlagenarbeiten im Rahmen des VSA wie der KOST durchaus darstellten – nicht immer einfach, umso mehr, da zwei Archivverwaltungen beteiligt waren. Beide haben viele Gemeinsamkeiten, etwa bei den eingesetzten IT-Werkzeugen und hinsichtlich des Innovationswillens. Aber es gibt auch Unterschiede und es galt hierbei einerseits die Chance zu nutzen, um durch die Zusammenarbeit mit einem anderen Archiv über den eigenen Tellerrand hinauszublicken und auf neue Lösungsideen zu kommen. Andererseits durften Differenzen nicht einfach negiert werden oder eine Lösung spezifiziert werden, die für beide nicht optimal ist aufgrund eines nur oberflächlichen Kompromisses bei der Formulierung von Anforderungen. Es galt somit einen Mittelweg zu finden, zwischen Entwicklung neuer Lösungsansätze und gleichzeitiger Realisierung der institutionsspezifischen Anforderungen, so dass kein Archiv eine aus seiner Sicht unbefriedigende Lösung erhielt, sondern im Gegenteil eine vielleicht neuartige, aber dennoch den Anforderungen entsprechende. Dies zu gestalten und zu führen war ein aufwändiger Prozess, der von der Projektleitung viel Überzeugungskraft und Ausdauer erforderte.

Die zahlreichen Konzepte mussten in der Regel durch externe Experten erstellt werden. Für die jeweiligen Aufträge diejenigen Experten zu finden, die bezüglich inhaltlicher Ausrichtung, Kompetenz, Terminplan, Verfügbarkeit und Kosten die richtigen waren, erforderte teilweise umfangreiche Abklärungen. Anschließend musste das Know-how dieser Experten an das in beiden Archiven vorhandene Wissen angebunden werden, damit nicht Ergebnisse entstanden, die unseren Interessen entgegenstanden. Nicht unwesentlich war hierbei auch die Unterstützung der

Projektleitung durch einen Experten für E-Government-Projekte, der die gesamte Konzeptionsphase bis zur Vergabe begleitete. Im Zuge der Beschaffung musste eine gemeinsame Ausschreibung zweier Kantone – unter der Federführung der kantonalen Fachstelle für öffentliche Beschaffungen Basel-Stadt – geplant und umgesetzt werden; eine nicht allzu häufige Situation auch für die beteiligten Beschaffungsstellen. Schließlich mussten die unterschiedlichen Mechanismen und Terminpläne bei der Bereitstellung der notwendigen Projektmittel in Betracht gezogen werden, damit diese zum richtigen Zeitpunkt verfügbar waren.

Eine agile Realisierung – wie in der Ausschreibung gefordert und von 4teamwork angeboten – in der öffentlichen Verwaltung machbar und realistisch zu planen und anschließend umzusetzen, bedeutete eine weitere Herausforderung, die erst nach einiger Einarbeitungszeit zufriedenstellend gemeistert werden konnte. Es zeigte sich in diesem Kontext überdies, dass das Einbringen unserer umfangreichen konzeptionellen Vorarbeiten in den agilen Arbeitsprozess des Anbieters keinesfalls einfach war. Die agile Umsetzung erwies sich für die Realisierungsphase als zielführend, nicht aber für die Einführungsphase. Hier wäre eine klassischere Projektmethode wie Hermes 5.1 geeigneter gewesen.

Schließlich galt es den Change-Prozess, der in beiden Institutionen vorbereitet und im Rahmen der Inbetriebnahme und Einführung durchgeführt werden musste, durchzuführen Mit der Einführung Ende 2022 ist der Veränderungsprozess keineswegs abgeschlossen. Besonders das erste halbe Jahr nach der Einführung war kritisch. Gleichzeitig war es für die Projektleitung wichtig, Erwartungsmanagement zu betreiben. Wenn man über fast zehn Jahre hinweg ein Projekt entwickelt, werden sehr viele Erwartungen in das Projekt projiziert, die nicht alle in der vorgestellten Form umgesetzt werden können.

Einen besonderen Aspekt stellt in diesem Projekt der durchgeführte Service-Design-Prozess dar, der in Basel-Stadt wie in St.Gallen auf den jeweiligen Archivstrategien basierte. In beiden Archiven wurden die bestehenden Services analysiert und auf Schwachstellen wie auch Stärken hin untersucht. Das Ergebnis wurde in Form von *Customer Journey Maps* dargestellt. Hieraus ergaben sich bereits eine Vielzahl von Ansatzpunkten für Veränderungen (s. Abbildung 1).

Doch handelte es sich damit ausschließlich noch immer um eine Evaluation aus dem Archiv heraus. Die konkreten Bedürfnisse und Anforderungen unserer unterschiedlichen Stakeholder hatten wir damit in keiner Weise abgefragt und integriert. Hierfür mussten wir in einem ersten Schritt Zielgruppen definieren und ansprechen. Anschließend haben wir in neun Workshops die Bedürfnisse von 13 Benutzergruppen erkundet und zusammengetragen. Die dabei gewonnenen Erkenntnisse wurden danach mit denen der internen Evaluation kombiniert und Veränderungsbedarf der bestehenden Services in den *Customer Journey Maps* eingetragen. Aus beiden Perspektiven heraus wurde für jedes Archiv ein Service-Design-Konzept entwickelt, das die unterschiedlichen Nutzungsbedürfnisse strukturiert mit dem Ziel, übergreifende Antworten auf die vielfältigen Bedürfnisse und Anforderungen, aber auch Voraussetzungen der Benutzergruppen zu formulieren (s. Abbildung 2).

Es entstanden auf diese Weise zwölf Nutzungscluster, die erste Antworten geben, wie eine Lösung aussehen könnte, um die unterschiedlichen und teilweise auch divergierenden Bedürfnisse abzudecken. Dafür wurden jeweils sechs analoge und sechs digitale Nutzungscluster definiert.

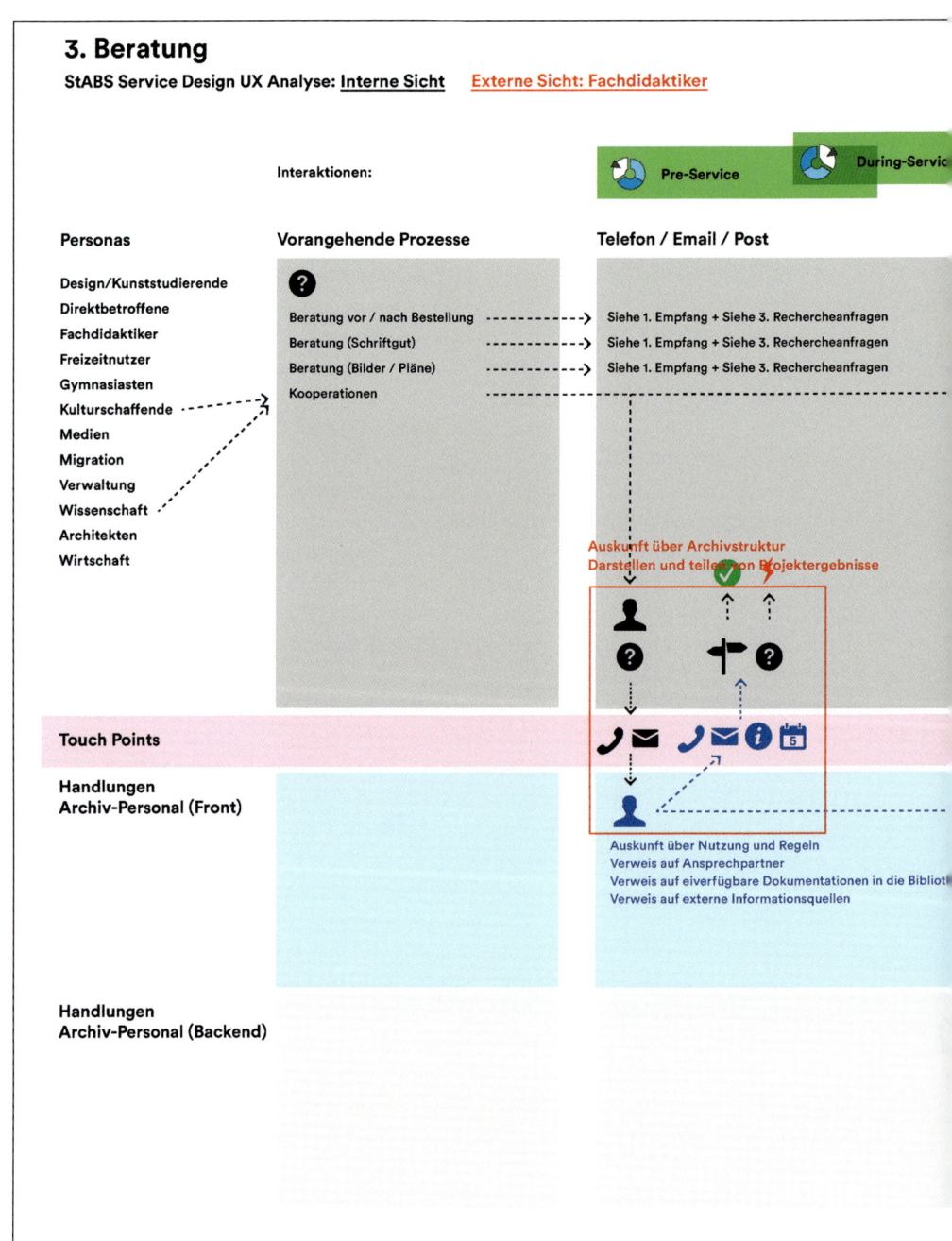

Abb. 1: Service Design. Beispiel für Customer Journey Map. Vorlage: Evert Ypma, Serviceanalyse und Problemstellen. 2018.

Innovativ und offen

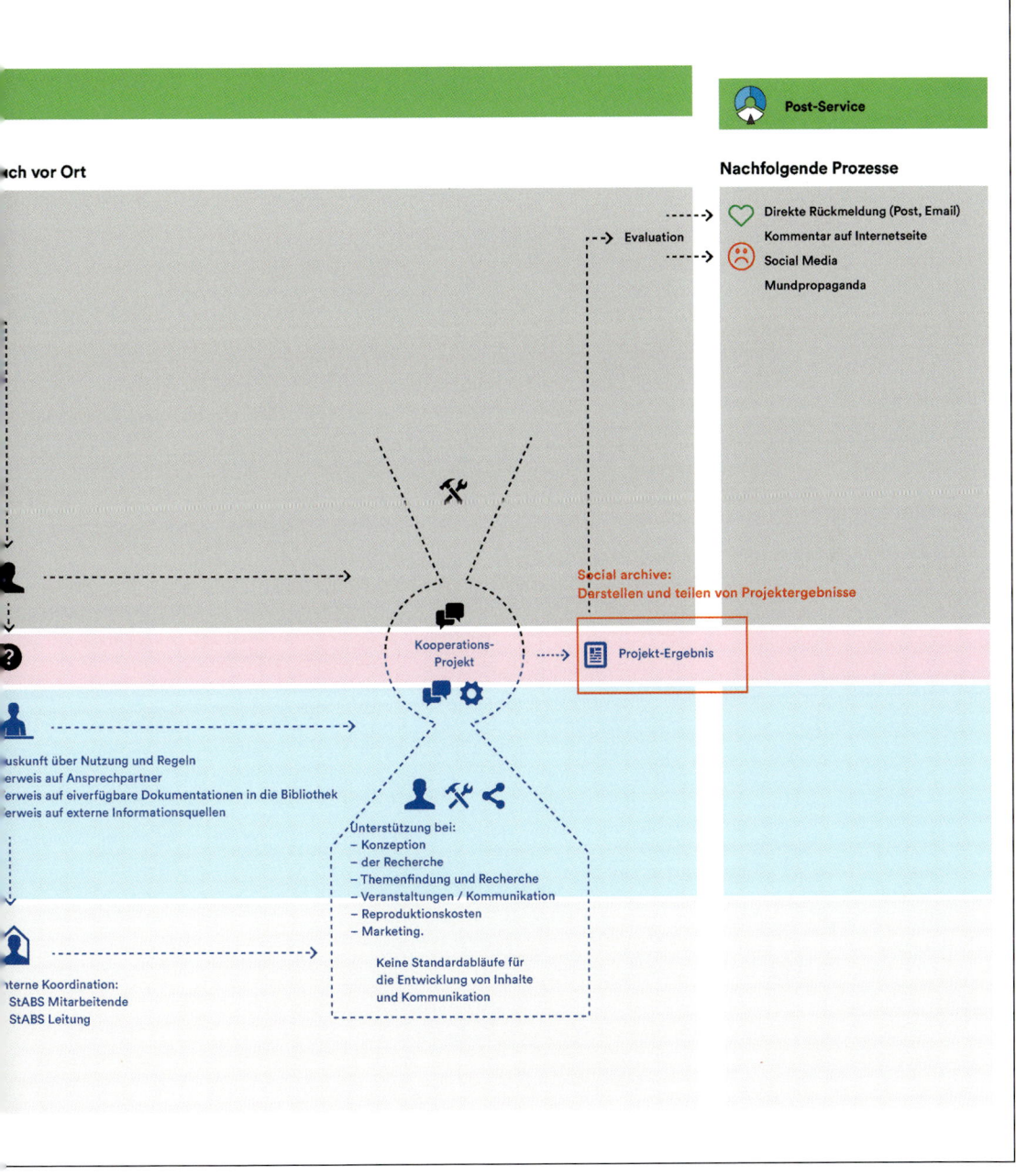

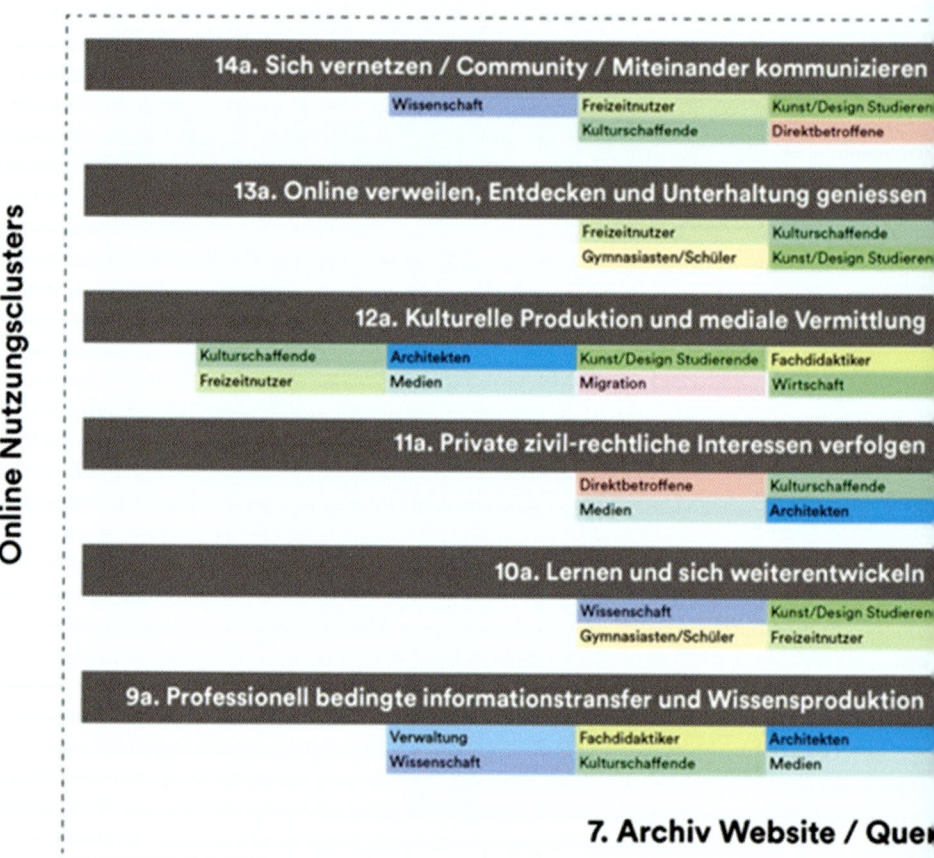

Abb. 2: Analoge und digitale Nutzungscluster. Evert Ypma, Service Design Strategiebericht Staatsarchiv Basel-Stadt. 2018.

Innovativ und offen

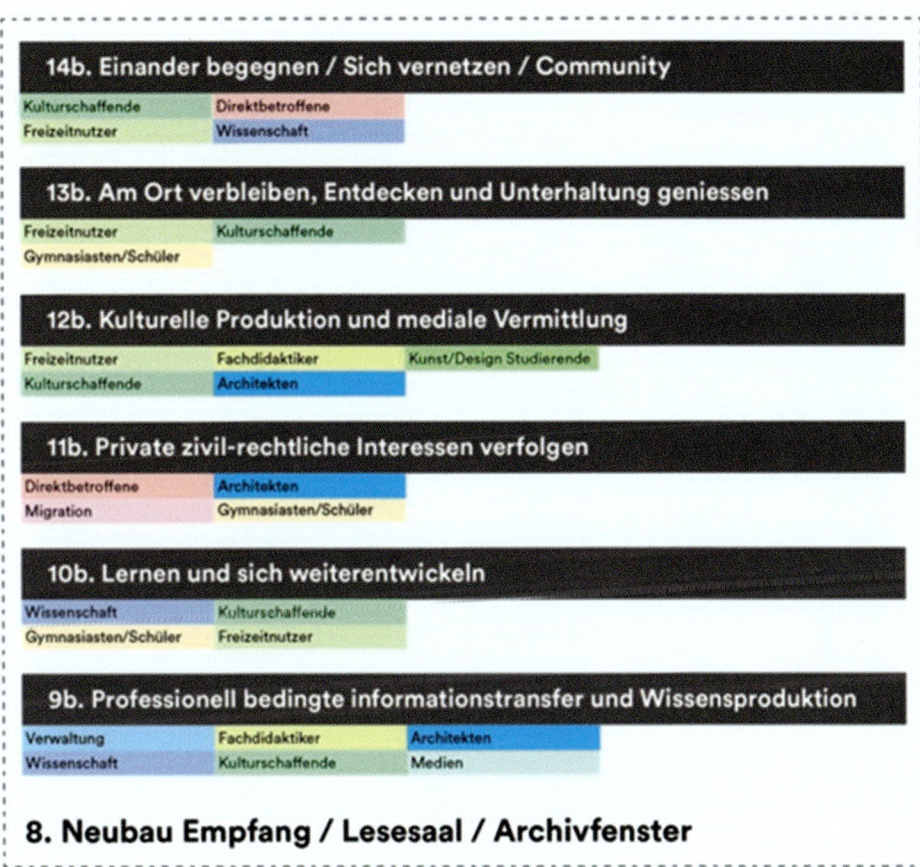

Interessen und Aktivitäten physisch vor Ort

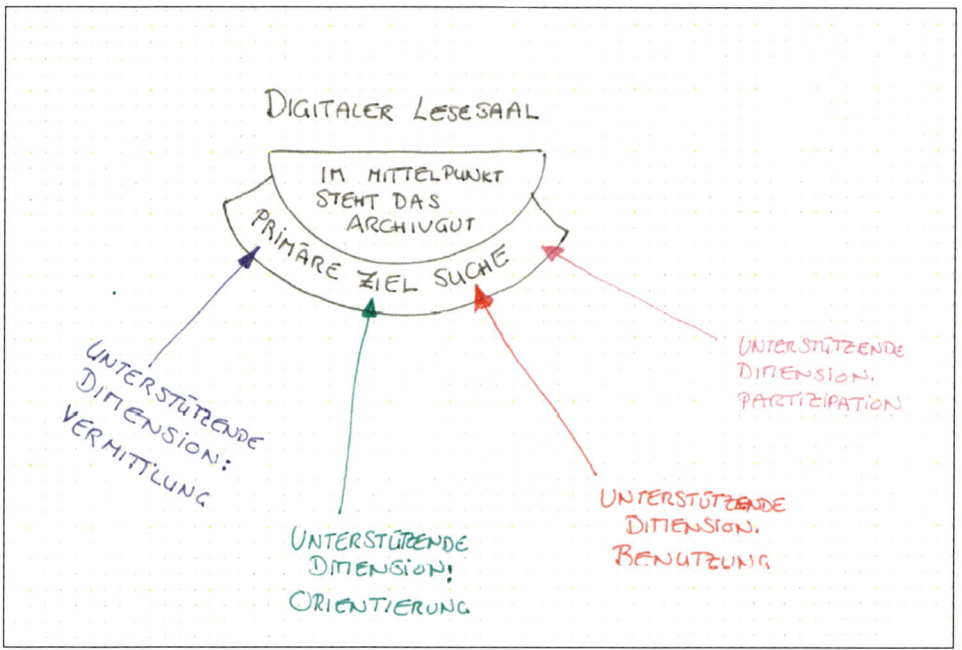

Abb. 3: Zugänge zum Digitalen Lesesaal. Vorlage: Darian Hil (Yaay), Informationsarchitektur. Skizzenbuch. 2018.

Wesentlich ist, dass diese Cluster nicht nur jeweils auf eine Benutzergruppe zugeschnitten sind, sondern übergreifende Aspekte des Nutzungsverhaltens aufgreifen (s. Abbildung 3).

Im Projekt digitalAccess2archives haben wir die sechs digitalen Nutzungscluster weiterverfolgt, während die analogen in die jeweiligen Neubauplanungen beider Archive einfließen, um auch die neuen Nutzungsräumlichkeiten den Nutzeranforderungen entsprechend gestalten zu können.[7]

Im Anschluss an die Service Design-Arbeit wurde das Grobkonzept der Informationsarchitektur des Digitalen Lesesaals entwickelt. Dieses reduzierte die sechs digitalen Nutzungscluster weiter auf noch vier Zugangskanäle (Vermittlung, Orientierung, Benutzung und Partizipation), die dem primären Ziel der Suche nach und Anzeige von gefundenem Archivgut zuarbeiten.

---

[7] Zum Neubauprojekt des Staatsarchivs Basel-Stadt: Esther Baur u. a.: Der Neubau des Staatsarchivs Basel-Stadt. Projektentwicklung 2006–2023. In: ABI Technik 43/2 (2023) S. 110–122. https://doi.org/10.1515/abitech-2023-0019 (aufgerufen am 14.02.2024). – Zum Neubauprojekt des Staatsarchivs St.Gallen: Kanton St.Gallen: Neubau des Staatsarchivs. 2023. https://www.sg.ch/bauen/hochbau/bauten/bauvorhaben-in-vorbereitung/Neubau-des-Staatsarchivs.html (aufgerufen am 14.02.2024).

Aufgrund des hohen Stellenwerts, den die Suche besitzt, wurde ein weiteres Grobkonzept, Search & Retrieval, erarbeitet, das analysiert, welche Schritte eine Suche durchläuft und wie diese gestaltet werden müssen, damit die Benutzenden finden, wonach sie suchen und dies auch in einer nachvollziehbaren Weise präsentiert bekommen. Dies schließt Hilfestellungen wie Filtermechanismen und Anpassungen der Suche selbst ein, um zu verhindern, dass Benutzende ohne Resultate bleiben.

Einen wesentlichen Aspekt der Informationsarchitektur stellt das Prinzip Mobile First dar, demzufolge alle Services primär für mobile Geräte wie Smartphones und Tablet gestaltet werden und nicht nur responsiv auf diesen zusätzlich funktionieren müssen, aber für Desktopgeräte gestaltet werden. Es ging darum, eine Lösung zu fordern, die genuin auf mobile Geräte ausgelegt ist, zugleich aber auch auf größere Bildschirme skaliert ist. Im Zuge der Realisierung mit 4teamwork wurde dieses Prinzip umgesetzt. Hierfür wurden Mock-Ups und ein klickbarer Designprototyp ausgehend von mobilen Formfaktoren entwickelt. Mit letzterem konnte der Benutzungsprozess im Digitalen Lesesaal durchgespielt werden. Die dabei gewonnenen Erkenntnisse flossen in einen Design-Userinterface-Kit ein, bevor das Design der fertigen Lösung des Digitalen Lesesaals entstand.

Ergebnisse[8]

Das Ergebnis der Arbeiten ist eine Lösung, die Mobile First vollständig umsetzt und zugleich den Zugang zum Archivgut in den Vordergrund stellt. Mit möglichst wenig Klicks und Aktivitäten sollen Benutzende Unterlagen suchen, finden und direkt nutzen können. Als User des Digitalen Lesesaals komme ich mit einem Klick auf die Lupe im Suchfeld – ohne vorherige Eingabe eines Suchbegriffs – auf alle im Digitalen Lesesaal verfügbaren Verzeichnungsinformationen. Damit können wir dem Bedürfnis „Zeigt mir bitte alles an, was ihr habt" entsprechen. Lediglich ein Filter muss gesetzt werden, um sich das online im Digitalen Lesesaal in digitaler Form verfügbare Archivgut anzeigen zu lassen. Es ist uns somit gelungen, die Schwelle zu senken und möglichst rasch Archivinhalte – und seien es auch nur Metadaten – den Benutzenden zur Verfügung zu stellen, auch ohne komplexe Suchen absetzen zu müssen. Für Power User – als solche würden sich viele Archivarinnen und Archivare bezeichnen – steht eine erweiterte Suche mit der Möglichkeit der präzisen Suche auch nur in einzelnen Metadatenfeldern zur Verfügung. Es wurde viel Aufwand betrieben, um auch auf dem Handy die erweiterte Suche einfach handhabbar zu machen. Dies gilt in noch höherem Maße für die Tektoniksuche, das Stöbern oder das Durchlaufen des Archivplans. Hier musste viel Energie eingesetzt werden, um eine in der Handhabung möglichst intuitiv verständliche Gestaltung des Archivplans zu realisieren. Im Ergebnis haben wir uns von den klassischen Baumdarstellungen des Archivplans verabschiedet und navigieren auf kleinen

---

[8] Vgl. auch den Artikel Lambert *Kansy* und Martin *Lüthi*: Going digital – Ein digitaler Lesesaal für die Staatsarchive Basel-Stadt und St.Gallen. In: ABI Technik 42/3 (2022) S. 144–156. https://doi.org/10.1515/abitech-2022-0028 (aufgerufen am 14.02.2024).

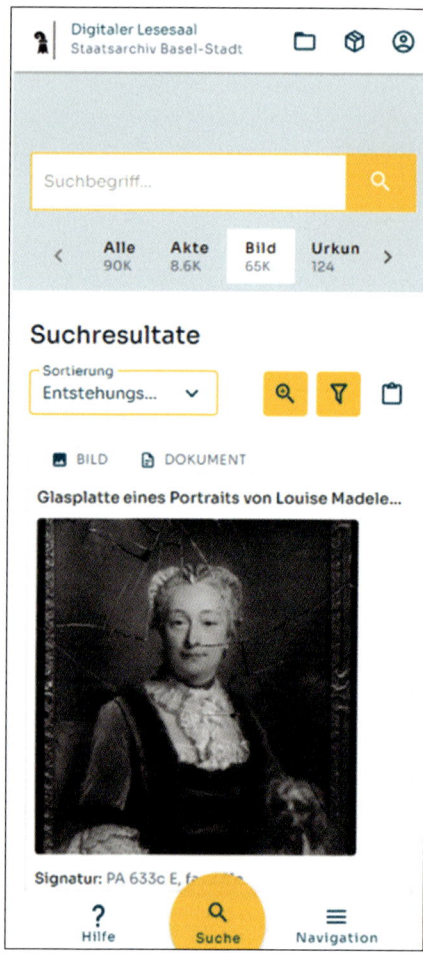

Abb. 4: Resultatliste in der Mobilansicht mit Digitalisat. Vorlage: Lambert Kansy, Screenshot, 2023.

Bildschirmen sowohl vertikal als auch horizontal. Die Akzeptanz für eine solche Lösung musste innerhalb der Archive erst entstehen; es gab hinsichtlich der Usability durchaus Skepsis.

Einen möglichst einfachen und raschen Zugang zu Archivgut zu schaffen, ist das Leitmotiv in diesem Projekt gewesen. Dies galt es bei der Gestaltung des Bestellprozesses für analoges Archivgut zur Einsicht in den Lesesaal vor Ort zu berücksichtigen. Für die Bestellung müssen Benutzende sich vorher im Digitalen Lesesaal registrieren und ein Konto anlegen. Einen vergleichbaren Bestellmechanismus gab es im Staatsarchiv Basel-Stadt bereits seit 2011 mit dem Bestellschalter des seit 2011 bestehenden Online-Archivkatalogs, die beide durch den Digitalen Lesesaal abgelöst wurden. Die neue Lösung bietet jetzt erstmals die Möglichkeit, auch Archivgut zu bestellen, dessen Schutzfristen noch nicht abgelaufen sind und dabei zugleich das erforderliche Einsichtsgesuch mit der Bestellung zusammen auszufüllen und einzureichen. Dadurch konnten wir in Basel-Stadt das separate Webformular ablösen, das zuvor für die Erfassung und das Einreichen des Einsichtsgesuchs im Einsatz war. Es entfallen das manuelle Erfassen der Kontakt- und Adressdaten der Benutzenden sowie der Angaben zum Archivgut. Früher mögliche Fehler bei der Eingabe sind im Digitalen Lesesaal ausgeschlossen, da die Benutzenden ihre Kontakt- und Adressangaben bei der Registrierung selber erfassen und im Digitalen Lesesaal alle erforderlichen Metadaten zum Archivgut vorhanden sind.

Archivgut, das digital verfügbar ist und bei dem keine Schutzfristen oder urheberrechtlichen Schranken zu beachten sind, kann im DLS – gesteuert über die Metadaten im Archivinformationssystem – für jedermann auch ohne Anmeldung online gestellt und damit publiziert werden. Dies gilt sowohl für Retrodigitalisate, das heißt digitalisiertes analoges Archivgut, als auch für born digitals, das ist Archivgut, das in genuin digitaler Form produziert, genutzt und jetzt archiviert wird. Für die unterschiedlichen Archivalienarten stehen jeweils spezifische Viewer bereit. Für Bilddateien von Retrodigitalisaten wird ein IIIF-Viewer eingesetzt. Für Audiodaten und digitales Film-oder Videomaterial stehen andere Viewer zur Verfügung, um die Nutzung von Multimedia-Inhalten direkt im Digitalen Lesesaal zu ermöglichen. Mit dem Digitalen Lesesaal können wir erstmals diese Archivalienarten online zugänglich machen. Erst auf diese Weise wurde auch den Kolleginnen und Kollegen im Archiv deutlich, dass wir schon seit langem eine große Menge dieser bislang nur schwer im Archiv vor Ort nutzbaren Unterlagen in digitaler Form vorliegen hatten, dieses aber mangels geeigneter Werkzeuge nicht online stellen konnten.

Archivgut kann im Digitalen Lesesaal nicht nur gesucht, bestellt und online genutzt werden, sondern auch mit einfachen Werkzeugen im Rahmen von Vermittlungsaktivitäten, sogenannten virtuellen Vitrinen aufbereitet und präsentiert werden. Diese Vitrinen können durch die Kolleginnen und Kollegen in der Vermittlung und Archivpädagogik manuell aus den Inhalten des Digitalen Lesesaals zusammengestellt oder auf der Basis von Suchabfragen generiert werden. Im letzteren Fall können sie auch dynamisch sein und mit neuen Verzeichnungseinheiten und digital verfügbaren Inhalten anwachsen. Auf diese Weise können themen- oder ereignisbasierte Zusammenstellungen neben provenienzorientierten Zusammenstellungen realisiert werden. Dieses Feld kann noch intensiv ausgebaut werden – unter Berücksichtigung des Service-Design-Konzepts. Uns war es wichtig, aufzuzeigen, wie die Integration von Vermittlungswerkzeugen in einen Digitalen Lesesaal funktioniert, inklusive der Bewirtschaftung.

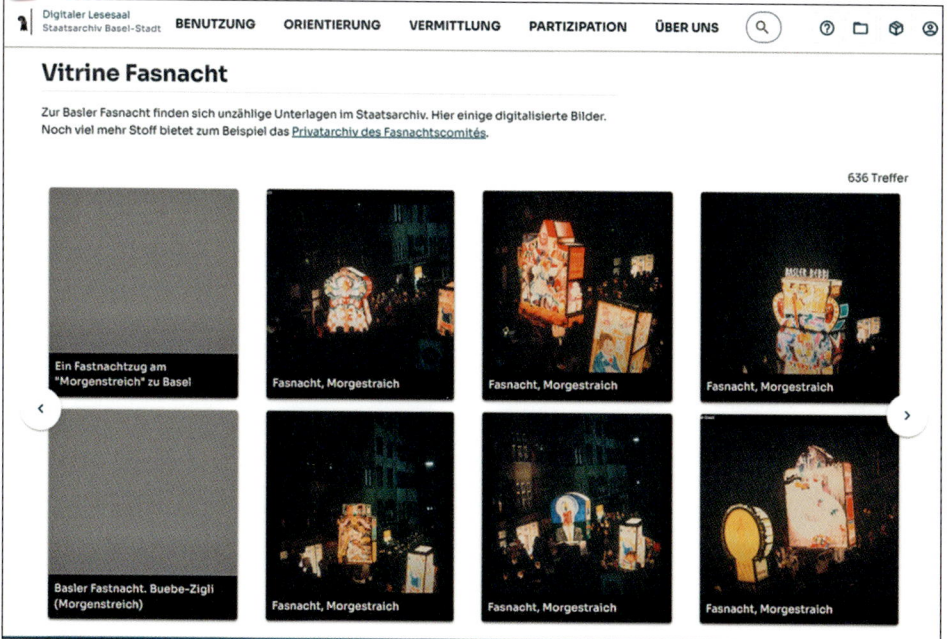

Abb. 5: Virtuelle Vitrine im Digitalen Lesesaal. Vorlage: Lambert Kansy, Screenshot, 2023.

Neben den vorgestellten Funktionen bietet der Digitale Lesesaal für registrierte Benutzende weitere Features. So können die getätigten Bestellungen nun im Benutzerkonto inklusive des aktuellen Status eingesehen werden. Damit können viele Fragen, die früher vom Lesesaalpersonal beantwortet werden mussten, nun vom Benutzenden selbst beantwortet werden – durch einen Blick in das eigene Konto. Zudem können Kommentare und Rückfragen zu Bestellungen zwischen Archiv und Benutzenden ausgetauscht werden. Ebenfalls ist es angemeldeten Benutzenden möglich, Suchresultate in Arbeitsmapppen abzuspeichern und so – etwa thematisch oder für unterschiedliche Bestellungen – zu gliedern und zu bewirtschaften.

Der Digitale Lesesaal, so wie er bisher vorgestellt wurde, ist für direkte Interaktion mit Benutzenden konzipiert und gestaltet worden. Daneben stellt er ein API zur Verfügung, mit dem andere Systeme direkt mit dem Digitalen Lesesaal kommunizieren können. Die Oberfläche des Digitalen Lesesaals selbst greift ebenfalls auf dieses API zu, das somit den gesamten Funktionsumfang abdeckt. Somit kann die Lösung künftig in weitere Systeme integriert werden.

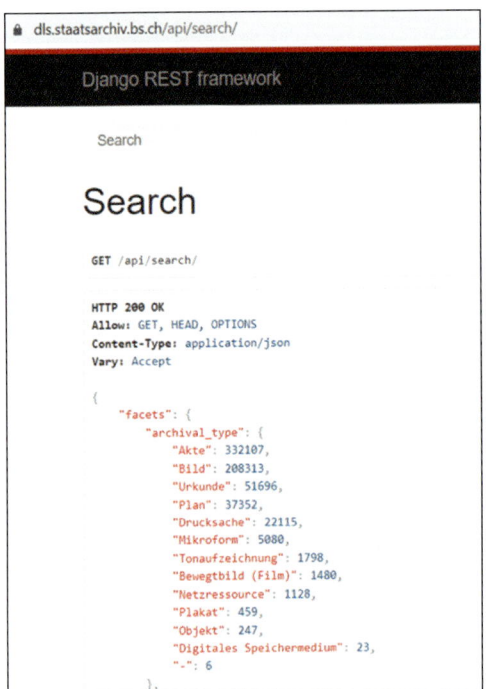

Abb. 6: API-Ansicht des Digitalen Lesesaals. Vorlage: Lambert Kansy, Screenshot, 2023.

Bislang wurde das Frontend des Digitalen Lesesaals betrachtet, das den Benutzenden zur Verfügung steht. Im Hintergrund besteht eine Managementkomponente, die DLS-Verwaltung, mit der Benutzer und Bestellungen verwaltet werden können. In der Bestellverwaltung werden von den Archivmitarbeitenden der Abteilung Benutzung die eingehenden Bestellungen bearbeitet. Hierfür stehen – je nach Art der Bestellung – definierte Workflows zur Verfügung.

Frontend und Managementkomponente sind beide in der Cloud angesiedelt. Die Verbindung mit den zentralen Systemen innerhalb der Kantonsnetzwerke Basel-Stadt und St.Gallen wird durch eine Backendkomponente gewährleistet. Diese beinhaltet Schnittstellen zum Archivinformationssystem mit den Metadaten über das Archivgut sowie zum digitalen Magazin mit dem digitalen und digitalisierten Archivgut. Überdies bereitet diese Komponente die Daten und Metadaten vollständig innerhalb der geschützten Kantonsnetze auf und spielt nur Metadaten und digitale Inhalte nach außen, die datenschutzrechtlich unbedenklich sind.

Die entsprechenden Abläufe sind in Form von Pipelines gegliedert, die von den Archiven weitgehend selbst konfiguriert und abgeändert werden können.

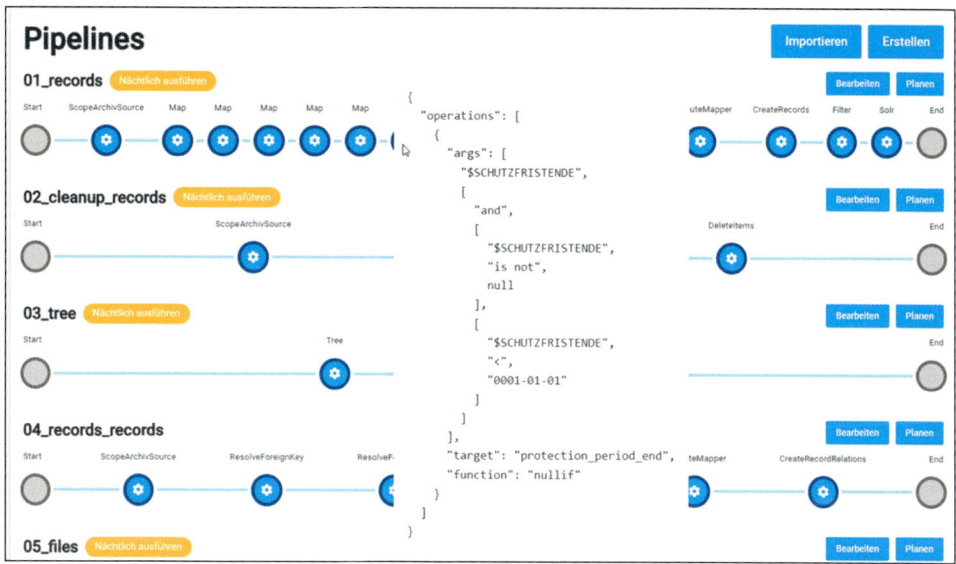

Abb. 7: Backendkomponente, Workflows zur Datenaufbereitung. Vorlage: Lambert Kansy, Screenshot, 2023.

Fazit und Ausblick

In der Rückschau beurteilen beide Archive das Projektergebnis als positiv. Die wesentlichen Ziele wurden erreicht und die neue Lösung ist seit dem Go-Live in drei Archiven im produktiven Einsatz. Neben den Projektpartnern Staatsarchiv St.Gallen und Staatsarchiv Basel-Stadt hat – mit einem Monat Verzögerung – auch die Dokumentationsstelle Riehen als Gemeindearchiv den Digitalen Lesesaal in Betrieb genommen.[9] Bis dahin waren die Archivbestände der Dokumentationsstelle Riehen über den Archivkatalog des Staatsarchivs Basel-Stadt recherchierbar gewesen; allerdings ohne die Bestellfunktionalität, die im Staatsarchiv genutzt wurde. Die Sichtbarkeit der Riehener Bestände war denkbar gering – im Grunde nicht mehr als ein Knoten in der Archivtektonik. Mit der dedizierten Instanz des Digitalen Lesesaals für die Dokumentationsstelle Riehen steht den Kolleginnen und Kollegen dort jetzt nicht nur ein eigener Archivkatalog zur Verfügung, sondern ganz neue Möglichkeiten zur Vermittlung des Archivguts und zur Präsentation der eigenen Institution.

Die Zielerreichung ist insbesondere bei den Funktionen und Prozessen, die die Nutzersicht betreffen, sehr gut. In diesen Bereichen hatten wir auch in der Konzeptphase einen Großteil der

---

[9] Die drei digitalen Lesesäle sind unter den folgenden URL aufrufbar. Staatsarchiv Basel-Stadt: https://dls.staatsarchiv.bs.ch; Staatsarchiv St.Gallen: https://dls.staatsarchiv.sg.ch; Dokumentationsstelle Riehen: https://lesesaal.riehen.ch (alle aufgerufen am 14.02.2024).

Energie investiert. Dies setzte sich in der Realisierung fort. Gleichwohl wurde der Anforderungskatalog nicht eins zu eins umgesetzt; auch mussten wir einige der wünschbaren Features zurückstellen.

Wie in jedem Projekt machten wir in der Realisierung Fehler bei der Detailspezifikation von Features, lernten aus diesen und verbesserten die Umsetzung. Doch bedeutete dies auch, dass Zeit und Geld für diesen iterativen Lernprozess aufgewendet werden mussten. In der Folge waren vor dem Go-Live mehrmals einschneidende Priorisierungsentscheide zu treffen, die zu deutlichen Abstrichen in Umfang und Reifegrad von Features führten, wenn sie nicht vollständig zurückgestellt oder gestrichen werden mussten. Davon betroffen waren im Wesentlichen Gestaltung, Usability und Prozessabdeckung in den Management- und Backendkomponenten – also diejenigen Teile der Lösung, die wir in der Konzeption nicht in der gleichen Tiefe wie die Frontendkomponenten konzipiert hatten.

Erst spät im Projekt hat sich gezeigt, dass bei der Nutzung der neuen Präsentationsmöglichkeiten insbesondere bei Bildmaterial und AV-Medien aufgrund der sehr guten Abbildungsqualität urheberrechtliche Nutzungseinschränkungen berücksichtigt werden müssen, sollten die Archive nicht über die notwendigen Nutzungsrechte verfügen. Dies war in den Vorgängersystemen noch nicht zu beachten. Daher mussten wir ein wichtiges Feature vorerst deaktivieren: die Möglichkeit Digitalisate auch herunterzuladen und nicht nur im Viewer zu betrachten. Es fehlen uns momentan die erforderlichen Metadaten, um digital verfügbares Archivgut, das aus urheberrechtlichen Gründen nicht online publiziert werden darf, mit urheberrechtskonformen Derivaten im Digitalen Lesesaal online zu präsentieren. Auch müssen die Aufbereitungsworkflows im internen Backend entsprechend angepasst respektive weiterentwickelt werden, um in Abhängigkeit vom urheberrechtlichen Status von Archivgut anhand der Metadaten die Onlinestellung von Digitalisaten und born digitals steuern zu können.

Eine wichtige Erfahrung nach dem Release ist, dass mit dem Go-Live die Entwicklung des Systems keinesfalls abgeschlossen ist. Wir haben seit November 2022 drei weitere Releases, den letzten gerade erst im Juni 2023, realisiert und eingespielt. Mit diesen wurden nicht nur Fehler behoben, sondern auch eine Reihe zurückgestellter Features umgesetzt. Der Fokus lag in diesem halben Jahr auf der Usability und Prozessunterstützung der Managementkomponente. Nicht nur technisch, sondern auch organisatorisch und betrieblich geht der Change-Prozess weiter. Nach der Produktivstellung dauerte es rund zwei Monate, bevor Feedback von den Kolleginnen und Kollegen kam, die im Alltag mit der neuen Lösung arbeiten. Dieses wurde nach Möglichkeit prioritär in die Weiterentwicklung eingespeist.

Der Schwerpunkt der kommenden Weiterentwicklung wird auf der Umsetzung des Zugangs zu digitalem Archivgut innerhalb der Schutzfrist liegen. Die Realisierung dieser Anforderung, die ein Kernelement des gesamten Projekts ist, mussten wir in der Realisierungsphase zurückstellen, da zahlreiche offene Punkte nicht mehr vor dem Go-Live geklärt werden konnten und bei diesem sensiblen Thema keine unreife Lösung umgesetzt werden sollte. Insbesondere die Frage, wie eine informationstechnisch sichere Umsetzung mit einer zumindest guten Usability für die Benutzenden einhergehen kann, stellt eine Herausforderung dar. Ferner wollen wir im Bereich des User Generated Content – ein Feld, das wir komplett zurückgestellt hatten – erste Features umsetzen sowie die Vermittlungswerkzeuge ausbauen. In der Bestell- und Benutzerverwaltung werden weitere Verbesserungen erfolgen inklusive des Reportings. Schließlich werden auch im Frontend und bei den Schnittstellen, die der Digitale Lesesaal besitzt, Weiterentwicklungen erfolgen – jedoch nicht prioritär.

Die Aktualisierung und Vertiefung der Dokumentation der Lösung ist eine Daueraufgabe. Der Source Code des Digitalen Lesesaal ist als Open Source Software unter der GPL-2.0-Lizenz auf GitHub verfügbar, auch wenn das Repository aktuell noch nicht freigeschaltet ist.[10] Es gibt eine technische Dokumentation, inklusive des Changelog für die Releases, eine frei zugängliche Benutzerdokumentation und die Webseite von 4teamwork mit der Produktbeschreibung.[11]

---

[10] 4teamwork: opendls-mirror. https://github.com/4teamwork/opendls-mirror (aufgerufen am 14.02.2024)

[11] Technische Dokumentation und Changelog: 4teamwork. OpenDLS Dokumentation. https://docs.opendls.cloud/ (aufgerufen am 14.02.2024). – Benutzerdokumentation: 4teamwork. https://docs.4teamwork.ch/dls/ (aufgerufen am 14.02.2024). – Produktwebseite: 4teamwork. https://www.4teamwork.ch/de/produkte/digitaler-lesesaal (aufgerufen am 14.02.2024).

Timms for Culture – Aufbau eines Streaming-Services für Kultureinrichtungen in Baden-Württemberg

Von Pascal Notz

Das Projekt *Timms for Culture* zielt darauf ab, relevante audiovisuelle Dokumente des Landes Baden-Württemberg nachhaltig zu sichern und für die Öffentlichkeit besser zugänglich zu machen. Im Rahmen dieses Vorhabens wird eine Infrastruktur geschaffen, um digitale Ton- und Filmdokumente fachgerecht zu archivieren und vor allem ein attraktives Streaming-Angebot bereitzustellen. Die inhaltliche Basis des Angebots bilden die Daten des *Audiovisuellen Archivs* des *Landesarchivs Baden-Württemberg* sowie der digitalisierte Teil der Landesfilmsammlung des *Haus des Dokumentarfilms*. Der folgende Beitrag bildet einerseits meinen Vortrag beim 82. Südwestdeutschen Archivtag ab, ergänzt diesen andererseits um alle Neuerungen, die sich seither ergeben haben.

Partner & Initiatoren – Wer denkt sich sowas aus?

Im Folgenden werden die Initiatoren und Partner des Projektes vorgestellt: das *Landesarchiv Baden-Württemberg*, das *Haus des Dokumentarfilms* und das *Zentrum für Datenverarbeitung* der Universität Tübingen.

Das *Audiovisuelle Archiv* des *Landesarchiv Baden-Württemberg* wurde 1988 gegründet. Zu seinen Aufgaben gehört es, Film- und Tondokumente zu archivieren, zu erschließen und Interessierten zugänglich zu machen. Neben Film- und Tondokumenten, die von Behörden und Einrichtungen des Landes an die Archivabteilungen des Landesarchivs abgegeben werden, finden sich dort auch landeskundliche Filme über Städte und Regionen, die bis in die 1920er Jahre zurückreichen, sowie Mitschnitte von Landtagsdebatten und Filmdokumente aller Art über landesgeschichtlich bedeutende Ereignisse.

Das *Haus des Dokumentarfilms* und die zugehörige *Landesfilmsammlung* ist eine in Europa einmalige Einrichtung, die sich der Aufgabe widmet, dokumentarische Filme zu definieren, zu fördern, zu präsentieren und zu sammeln. Die Bestände der *Landesfilmsammlung* umfassen Inhalte von 130 kommunalen, städtischen und privatwirtschaftlichen Archiven sowie 350 Privatpersonen. Das Filmmaterial reicht von Aufnahmen aus dem Jahr 1904 bis in die Gegenwart und umfasst sowohl Amateurfilme, Werbefilme und Mitschnitte von Veranstaltungen quer durch das 20. Jahrhundert.

Das *Zentrum für Datenverarbeitung* (ZDV) ist das Rechenzentrum der Universität Tübingen. Im Projekt stellt es die technische Expertise für AV-Processing, AV-Streaming und Webdienste bereit und betreibt die dazu notwendige IT-Infrastruktur an der Universität Tübingen. Damit wird sichergestellt, dass Daten, die aus Baden-Württemberg stammen, dort verbleiben und die Eigentümer der Medien jederzeit die vollständige Kontrolle über ihre digitalen Assets behalten.

Timms for Culture – Was ist *timms*?

Die *Tübinger Internet Multi Media Services* (*timms*) wurden 1998 als Projekt der *Zukunftsoffensive Junge Generation* des Landes Baden-Württemberg entwickelt. *Timms* stellt seit mehr als 25 Jahren eine Sammlung von AV-Dienstleistungen der jeweils aktuellsten Medien- und IT-Technologie bereit. Für die Forschung und Lehre der Universität Tübingen werden Videoaufzeichnungen von Vorlesungen und Veranstaltungen erstellt und live sowie on-demand im Internet veröffentlicht. Aktuell stehen im *timms*-Video-Portal mehr als 8.500 Videos mit rund 9.000 Stunden Gesamtspielzeit als ergänzende Lehr- und Lernmittel recherchierbar zum Abruf bereit. Die Uni Tübingen verfügt mit *timms* über die Technologie, ohne die Hilfe von Dritten On-Demand- und Live-Video-Streams ins Internet einzuspeisen. Diese langjährige Kompetenz wird nun eingesetzt, um ein AV-Streamingportal für Kultureinrichtungen des Landes Baden-Württemberg aufzubauen.

Das Projekt und seine Bausteine

Nachfolgend werden verschiedene (technische) Aspekte des Projektes näher beschrieben.

Als erstes wäre hier das Web-Frontend zu nennen. Das Webportal besteht aus einem öffentlichen Bereich, auf den jeder Benutzer zugreifen kann, und aus einem Bereich für registrierte Nutzer. Das Web-Frontend wird im folgenden Kapitel detaillierter beschrieben.

Ein weiterer Baustein des Projektes ist die sogenannte *Pipeline*. Die *Pipeline* besteht aus einer Reihe von Skripten beziehungsweise Programmen, die einen Workflow abbilden, welcher ein angeliefertes AV-Objekt mitsamt beschreibenden Daten entgegennehmen, dieses auf Verarbeitbarkeit überprüfen und dann in einen streamingfähigen Inhalt transformieren kann.

Die Metadaten, die über das Portal für jeden Benutzer bereitgestellt werden, werden mittels der Auszeichnungssprache XML mit dem Schema *PBCore* bereitgestellt. Typischerweise umfassen die Metadaten zu einem Streaming-Objekt mindestens eine ID, Titel und Beschreibung sowie die technischen Metadaten des Originalobjektes und die Metadaten, welche beim Verarbeiten in der *Pipeline* anfallen. Optional, aber gewünscht sind deskriptive Metadaten, also beschreibende Metadaten, welche mehr Informationen über den Inhalt eines Mediums enthalten. Für *PBCore* gilt, dass es im Wesentlichen auf dem offenen Metadatenschema *Dublin Core* basiert und somit auf einem der weit verbreitetsten Datenmodellstandards überhaupt. Durch den Einsatz von offenen Standards ist es leichter für Dritte, die im Portal bereitgestellten Daten zu lesen und zu verarbeiten. Es gewährleistet darüber hinaus Zukunftssicherheit, da das Format nicht von einem (kommerziellen) Produkt abhängig ist und somit auch in Zukunft lesbar bleiben wird.

Nach diesen Informationen über die Metadaten soll jetzt das Streaming etwas genauer erläutert werden. *Http Live Streaming*, kurz *HLS*, ist ein von der Firma Apple entwickeltes Verfahren, um Live-Videos durch Segmentierung übertragen zu können. Zu den Vorteilen von *HLS* gehören eine dynamische Bandbreitenanpassung, wodurch es ermöglicht wird, auf unterschiedlichsten Endgeräten, sei es auf einem Smartphone oder auch einem PC, ein Video optimal darzustellen. Zudem ermöglicht *HLS* auch die Verschlüsselung von Streams, wodurch Urheberrechte besser geschützt werden können. Es ist heute der defacto-Standard für Live- und Video-On-Demand-Datenübertragung.

Ein weiterer sehr wichtiger Aspekt des Projekts ist das Durchführen von Benutzertests. Um das bisher Erreichte überprüfen und bewerten zu können, wurden in einem mehrwöchigen Durchlauf Nutzertests durchgeführt. Die Art der Tests basiert dabei auf der Arbeit des UX-Experten Steve Krug, welcher für sein Buch *Don't make me Think* und die Methode *Thinking Aloud* bekannt ist. Nach Krug ist es beim Design einer Anwendung nicht so entscheidend, dass der Benutzer mit möglichst wenig Klicks sein Ziel erreicht, sondern, dass das Ziel überhaupt erreicht wird und der Benutzer bei diesem Prozess das Gefühl hat, das Richtige zu tun. Ein Vorteil von *Thinking Aloud* ist, dass man nur wenige Probanden für die Durchführung braucht, um die meisten Usability-Probleme festzustellen, die zielgruppenspezifischen Bedürfnisse besser zu verstehen und die Benutzerfreundlichkeit der Benutzeroberfläche und des Workflows dementsprechend zu verbessern.

Entwicklungsstand – Was es schon gibt

Es folgen nun einige Information zum aktuellen Stand des Projektes im September 2023. Das Projekt ist unter folgender URL abrufbar: *https://labwavportal.zdv.uni-tuebingen.de/*

Auf der Startseite von *Timms for Culture* angekommen, wird der Besucher zuerst von einem Banner begrüßt, auf welchem der Entwicklungsstand erläutert wird. Darunter schließen sich Blöcke an, die nach verschiedenen Kategorien geordnet sind. Ein solcher Block besteht aus bis zu 6 Vorschaukacheln, welche wiederum aus einem Vorschaubild, verschiedenen IDs, einem Titel und Links auf Meta- und Streaming-Daten bestehen (siehe dazu Abbildung 1).

Durch Klick auf eines der Videos, wird eine Detailseite geöffnet. Hier finden sich von oben nach unten der Videoplayer, Titel der Videos, IDs, Buttons, Angabe der Provenienz, sofern vorhanden und eine Beschreibung.

Bei dem Videoplayer handelt es sich um einen *HLS*-fähigen Player, welcher gewohnte Funktionen wie Anpassung der Abspielgeschwindigkeit oder den Wechsel zwischen verschiedenen Auflösungen bereitstellt. Es handelt sich hierbei um eine Eigenentwicklung beziehungsweise Anpassung, die auf HTML5 und quelloffenen Bibliotheken basiert. Eine weitere nützliche Eigenschaft des Videoplayers ist die Möglichkeit, Quelltext zum Einbetten des Players in andere Webseiten abzurufen.

Unterhalb des Players werden verschiedene Metadaten präsentiert, hierzu gehören der Titel des Videos, seine Beschreibung und verschiedene IDs. Zusätzlich bieten verschiedene Buttons

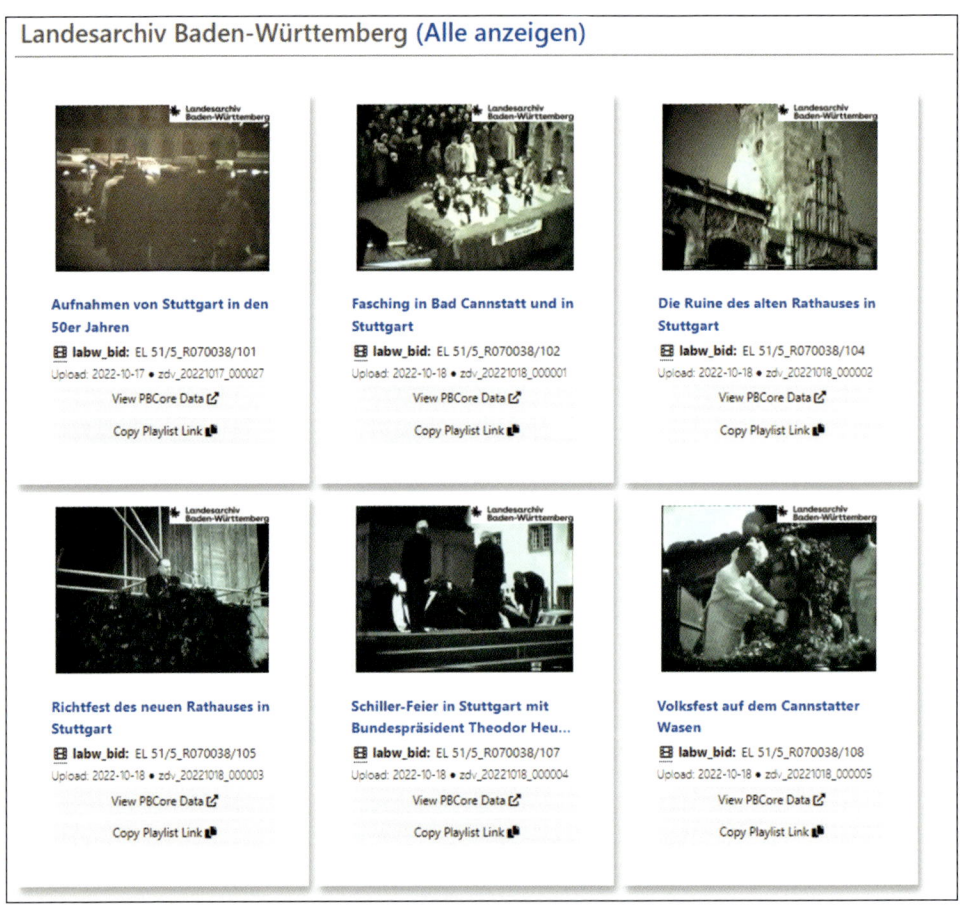

Abb. 1: Block aus 6 Videos auf der Startseite von *Timms for Culture*. Oben findet sich die zugehörige Kategorie, hier *Landesarchiv Baden-Württemberg*, darunter befinden sich Vorschaukacheln mit Grundinformationen über das jeweilige Video und Buttons, die den Abruf weiterer Informationen erlauben.

weitere Funktionen an. So lassen sich die zum Video gehörenden Metadaten als XML mit dem Schema *PBCore* herunterladen. Ein weiterer Button verlinkt auf die Webseite der Organisation, die das Video bereitgestellt hat.

Das Portal stellt eine weitere hilfreiche Funktion zur Verfügung, welche über die URL *https://timms17.v294.uni-tuebingen.de/Meta/GetPBCoreCollection* aufrufbar ist. Diese Funktion liefert eine XML mit dem Schema *PBCoreCollection* zurück, welche alle publizierten Videos aufzählt und dadurch einen besseren Überblick ermöglicht.

Bis zu diesem Punkt wurden Funktionen und Eigenschaften beschrieben, welche allen Benutzern bereitstehen. Kommen wir jetzt zu den Funktionen, die registrierten Benutzern vorbehalten sind.

Sobald man eingeloggt ist, werden neue Menüs mit den Namen *Infos* und *Video-CMS* in der oberen Menüleiste angezeigt. Der Bereich *Infos* verweist einerseits auf eine Seite *Das Portal in Zahlen*, welche Statistiken über das Portal liefert, andererseits wird auf eine Seite *Neuigkeiten & Änderungsprotokoll* verwiesen, welche, wie der Name schon sagt, aktuelle Neuigkeiten und Change Logs bereithält.

Für den Produktiveinsatz wichtiger sind die Seiten, welche im Bereich *Video-CMS* zu finden sind, nämlich *Inhaltsverwaltung*, *Uploadbereich* und eine *Pipeline-Übersicht*.

Aktuell werden zwei Möglichkeiten zum Hochladen von Videos angeboten, eine mit und eine ohne zusätzliche beschreibende Metadaten. In beiden Fällen wird der Benutzer Schritt für Schritt angeleitet, bis der Upload erfolgreich abgeschlossen ist.

Die *Inhaltsverwaltung* dient zum Verwalten aller publikationsfähigen Videos. Dort ist es möglich, einzelne Videos zu sperren oder freizugeben. Des Weiteren lassen sich die einzelnen Videos bearbeiten, etwa um Ergänzungen bei den beschreibenden Metadaten vorzunehmen, beschreibende Metadaten hochzuladen oder den Videos Kategorien zuweisen zu können.

Die *Pipeline-Übersicht* dient als Überblick über alle neu hochgeladenen Videos der eigenen Organisation und macht diese sichtbar noch bevor sie publikationsfähig sind.

Ausblick – Was die Zukunft bringt…

Natürlich ist ein Projekt, das sich noch im aktiven Entwicklungszustand befindet, häufiger Veränderung unterworfen. Daher kann mit Sicherheit gesagt werden, dass *Timms for Culture*, während Sie diesen Beitrag lesen, schon weitere Updates erfahren hat. Zu den Features, die noch für das Jahr 2023 geplant sind, gehören unter anderem eine automatische Weiterverarbeitung der hochgeladenen Videos sowie eine Vielzahl weiterer Funktionen zur besseren Verwaltung des Videocontents durch registrierte Benutzer. Auch stellt der Umzug des Projektes auf eine leistungsfähigere Hardware eine wichtige Aufgabe dar. Die im Vortrag nur angekündigte Durchführung von Nutzertests ist zwischenzeitlich abgeschlossen worden und hat weitere Möglichkeiten für die Weiterentwicklung aufgezeigt.

Abschließend kann gesagt werden, dass *Timms for Culture* ein spannendes Projekt ist, das Potential hat, eine bessere Sichtbarkeit des großen Schatzes an historischen bewegten Bildern des Landes Baden-Württemberg zu erreichen.

Multimedia-Sammlungen Durchsuchen und Erkunden mit maschinellem Lernen

Von Florian Spiess

Im heutigen digitalen Zeitalter werden multimediale Daten in immer größer werdenden Volumina erstellt und gesammelt. Durch günstige und weitgehend verfügbare Technologien zur Aufnahme und digitalen Produktion von Bildern, Videos, Musik und sogar 3D-Modellen wachsen private, sowie archivische und museale Sammlungen zu Größen an, welche nur noch schwer und oft gar nicht mehr manuell zu bewältigen sind. Angesichts solch großer Datenmengen kostbare Erinnerungen in einer Sammlung von Ferienfotos zu ermitteln oder sich einen Überblick über eine Kollektion digitalisierter Kunstwerke zu verschaffen, ist ohne technische Hilfe keine leichte Aufgabe.

Multimediadaten bestehen großteils aus rohen Sensordaten – etwa Farbwerte für jedes Pixel in einem Bild oder Frequenzen in einer Tonaufnahme. Diese erlangen oft nur durch menschliche Interpretation eine semantische Bedeutung. Wegen dieses *semantic gap*, der Lücke zwischen den rohen Sensordaten und deren semantischen Inhalt, eignen sich klassische Suchmethoden nicht, um direkt den Dateiinhalt zu durchsuchen. Durch eine Suche in den Metadaten einer multimedialen Sammlung, beispielsweise der Dateinamen oder manuell hinzugefügter Stichworte zum Inhalt, können Sammlungen einfacher zugänglich gemacht werden. Jedoch mangelt es oft an qualitativ hochwertigen Metadaten, um einen solchen Zugang optimal gestalten zu können. Denn eine manuelle Beschreibung der Daten ist in vielen Fällen angesichts deren schierer Masse aus Zeit- und Kostengründen nicht möglich.

Durch Methoden der Multimediaanalyse kann die Erschließung von digitalen Multimediasammlungen automatisiert unterstützt werden und so auch Sammlungen nutzbar gemacht werden, deren Größe eine manuelle Erschließung ausschließt.

Multimediaanalyse

Das Ziel der Multimedia-Analyse ist es, Informationen aus multimedialen Daten zu extrahieren. Eine weit verbreitete Variante der Multimediaanalyse ist die direkte Extraktion von Metadaten etwa über eine Objekterkennung in Bildern, oft mittels Methoden des maschinellen Lernens. Diese Methoden sind der manuellen Erschließung am ähnlichsten und erlauben es, Multimediadateien mit textuellen Schlagworten und Beschreibungen zu versehen.

Abb. 1: Ein Foto eines Maltesers auf erdigem Boden. Aufnahme: Florian Spiess.

Durch den großen Fortschritt bei den Methoden des maschinellen Lernens innerhalb des letzten Jahrzehnts kann, beispielsweise über die Objekterkennung, ein Teil des semantischen Inhalts eines Bildes als Text extrahiert werden, und so der semantic gap teilweise überbrückt werden. Jedoch leiden Methoden zur Objekterkennung und textuellen Beschreibung von Multimediadateien noch unter einigen Schwächen. Oft sind derartige Methoden sehr stark von ihren jeweiligen Trainingsdaten abhängig, welche manuell gesammelt und sauber beschriftet werden müssen. Des Weiteren sind die Kategorien einer Objekterkennung auf diejenigen beschränkt, welche in den Trainingsdaten verwendet wurden. Schlussendlich kann der Inhalt einer Multimediadatei nur sehr selten vollumfänglich durch Text beschrieben werden, da eine solche Beschreibung jedes Detail der Multimediadaten erfassen müsste. Zum Beispiel könnte eine Objekterkennung auf Abb. 1 einen Hund erkennen, und mit genügend spezifischen Trainingsdaten eventuell sogar die Rasse des Hundes als Malteser identifizieren; unmöglich wäre es jedoch, in einem sinnvollen Rahmen alle Details des Bildes, wie die Position und Ausrichtung des Hundes, dessen Gesichtsausdruck sowie die Textur und Komposition des Bodens ausführlich textuell zu beschreiben.

Eine Alternative zur Objekterkennung ist die Extraktion von Featurevektoren. Featurevektoren sind mehrdimensionale Zahlenvektoren, welche einen bestimmten Aspekt eines Multimediadokuments darstellen. Zum Beispiel ist die Durchschnittsfarbe eines Bildes ein sehr simples Feature für Bilder oder Videos.

Obwohl Featurevektoren allein oft wenig menscheninterpretierbare Informationen enthalten, können diese sehr zur Analyse und Nutzbarkeit einer Multimediasammlung beitragen. Durch die Berechnung der Distanz zwischen zwei Featurevektoren kann die Ähnlichkeit zweier Multimediadateien abgeschätzt werden, und so zur Ähnlichkeitssuche verwendet werden. Mit dem Beispiel der Durchschnittsfarbe können so unter Verwendung eines Beispielbildes Bilder mit einer ähnlichen Durchschnittsfarbe in einer Sammlung gefunden werden.

Es wurden bereits viele verschiedene Multimediafeatures für unterschiedliche Multimediamodalitäten und Anwendungsszenarien entwickelt, welche weit über die Verwendungsmöglichkeiten der Durchschnittsfarbe hinausgehen. Eine moderne und sehr effektive Art von Multimediafeatures sind multimodale Embeddings. Diese Features basieren auf Methoden des maschinellen Lernens. Im Vergleich zur Objekterkennung extrahieren Embeddingfeatures aber Featurevektoren und keine menschenlesbaren Informationen aus Multimediadateien. Anstatt den semantischen Inhalt direkt als Text zu extrahieren, zielen diese Methoden darauf ab, aus der Kombination unterschiedlicher Modalitäten, wie zum Beispiel Text und Bild, die Multimediadateien in einen semantischen Co-Embedding-Vektorraum zu projizieren.

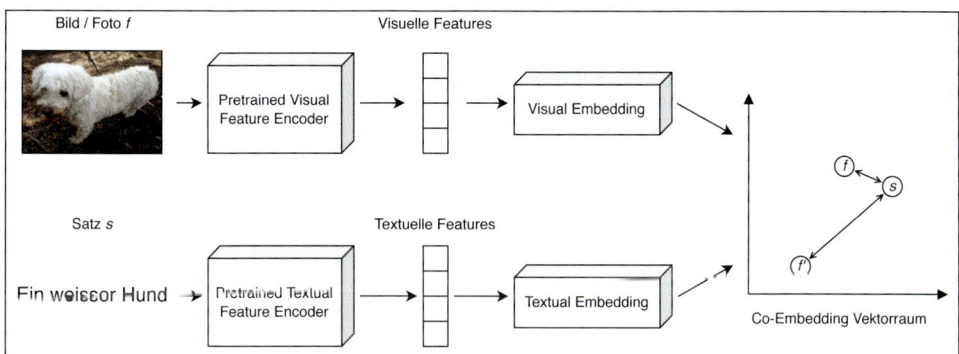

Abb. 2: Ablaufdiagramm des Visual-Text Co-Embedding. Grafik: Florian Spiess.

Abb. 2 zeigt das Ablaufdiagramm eines multimodalen Co-Embeddings in einem neuronalen Netzwerk, welches Text und Bild in einen gemeinsamen Vektorraum projizieren, in welchem die Featurevektoren von zueinanderpassenden Texten und Bildern möglichst nahe beieinander und die von unpassenden möglichst weit entfernt liegen. Co-Embeddings haben einige Vorteile gegenüber der Informationsextraktion durch Objekterkennung. Durch die Extraktion als Featurevektor ist die Informationsrepräsentation viel kompakter als ein menschenlesbarer Text und es können viel mehr semantische Informationen über das Multimediaobjekt gespeichert werden. Durch Co-Embeddings werden Modalitäten verbunden. Es kann somit nicht nur die Ähnlichkeit einer textuellen Suchanfrage mit einer textuellen Beschreibung eines Bildes abgeglichen werden, sondern auch direkt mit dem Bild selbst verglichen werden. Auch sind Co-Embeddings nicht an fix vordefinierte Objektklassen gebunden. Dadurch, dass Co-Embeddings meist auf großen Datenmengen an bereits verbal vorbeschrifteten Multimediadateien basieren, lernen die Embeddings selbst, welche Teile der Multimediadateien von großer semantischer Bedeutung sind.

Das vitrivr Multimedia Suchsystem

Das Feld der Multimediaanalyse ist noch lange nicht vollständig erforscht und daher Gegenstand zahlreicher aktiver Forschungsarbeiten. Viele der modernsten Methoden in diesem Feld sind noch in keiner Konsumentensoftware verfügbar. Um Methoden der Multimediaanalyse und -suche zu erforschen und zugänglich zu machen, entwickelt die Datenbanken und Informationssysteme Forschungsgruppe (DBIS) der Universität Basel das Multimediasuchsystem vitrivr.

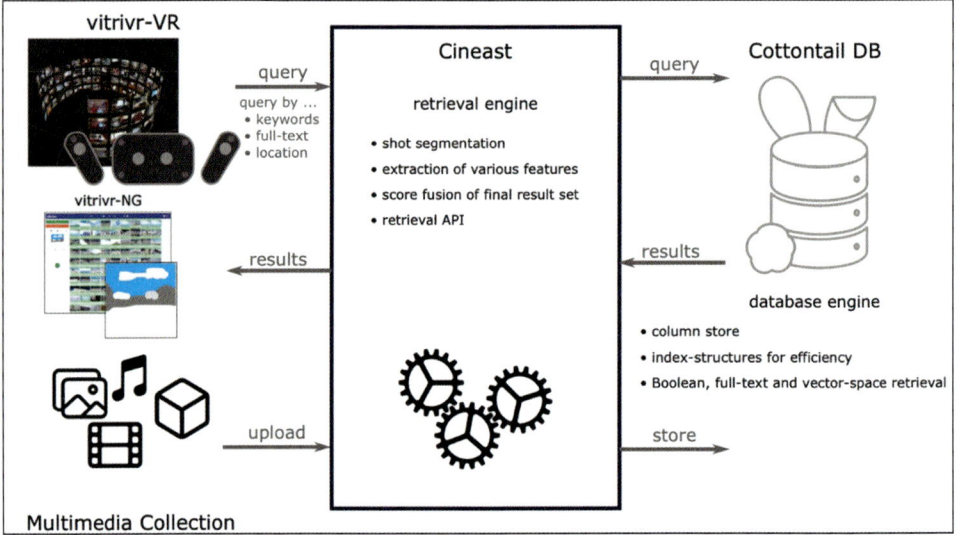

Abb. 3: Überblick über die Softwarearchitektur des vitrivr Multimediasuchsystems.
    Grafik: Ralph Gasser, Silvan Heller, Luca Rossetto, Loris Sauter, Florian Spiess.

Einen Überblick über den Aufbau von vitrivr zeigt Abb. 3. Vitrivr besteht aus drei Softwarekomponenten: der Vektordatenbank Cottontail DB, der Multimediaanalyse und Suchmaschine Cineast und dem modularen Userinterface, welches wahlweise vitrivr-NG für Desktop Browser oder vitrivr-VR für Virtual Reality Interfaces sein kann. Vitrivr implementiert viele der bisher beschriebenen Methoden zur Multimediaanalyse, unter anderem eine eigene Implementierung eines Bild-Text Co-Embeddings namens Visual-Text Co-Embedding.

Die Multimediasuche im Archiv

Durch die funktionale Implementierung verschiedenster Methoden der Multimediaanalyse und entsprechender Userinterfaces, die die Interaktion damit ermöglichen, lässt sich vitrivr in unterschiedlichsten Szenarien einsetzen.

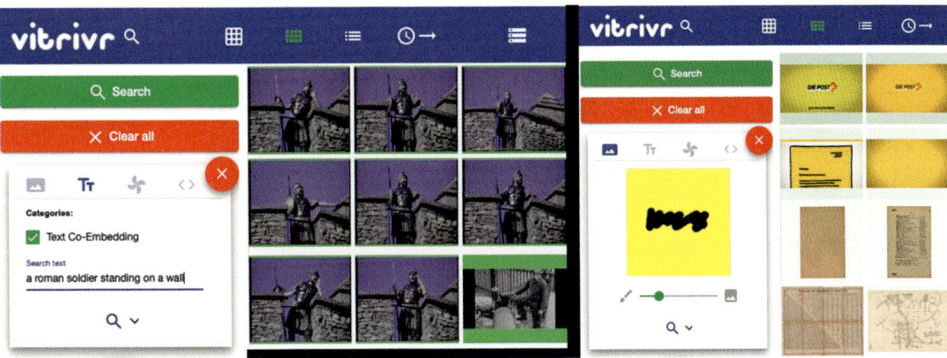

Abb. 4: Multimediasuche in einer Teilsammlung des PTT-Archivs; links Suche mit Hilfe des Visual Text Co-Embeddings, rechts Suche mit einer Mischung simpler Farbfeatures. Aufnahme: Florian Spiess.

Abb. 4 zeigt, wie vitrivr bei Daten des Archivs der ehemaligen schweizerischen Post-, Telefon- und Telegrafenbetriebe (PTT) eingesetzt wird. Die vom PTT-Archiv für diese Anwendung zur Verfügung gestellte Sammlung enthält eine Mischung aus Videos, Bildern und digitalisierten Dokumenten und Büchern, etwa Telefonbüchern. Durch die Extraktion der inhaltsbasierten Features werden die Daten auch ohne existierende Metadaten zugänglich gemacht. So kann nach der automatisierten Featureextraktion beispielsweise mit der textuellen Beschreibung eines römischen Soldaten auf einer Steinmauer oder mit einer groben Skizze des Logos der schweizerischen Post nach den jeweiligen Multimediadateien gesucht werden.

Vitrivr wird in mehreren Forschungsprojekten aktiv eingesetzt. Ein Beispiel dafür ist das interdisziplinäre Projekt *Participatory Knowledge Practices in Analogue and Digital Image Archives*. Abb. 5 zeigt die intramodale Bild-zu-Bild-Anwendung des Visual-Text Co-Embeddings zur semantischen Ähnlichkeitssuche. Durch die Verwendung dieses Features werden Bilder gefunden, welche dem Suchbild nicht unbedingt auf einer Pixelebene visuell ähneln, jedoch einen ähnlichen semantischen Bildinhalt besitzen.

Abb. 5: Resultate (links) einer semantischen Ähnlichkeitssuche mit Suchbild (rechts) in den Sammlungen SGV_10 und SGV_12 der Schweizerischen Gesellschaft für Volkskunde. Aufnahme: Florian Spiess.

Multimedia Sammlungen ohne Suchziel erkunden

Die Methoden der Multimediaanalyse, aber vor allem die Co-Embedding Features können für weitaus mehr verwendet werden als nur eine Ähnlichkeitssuche. In vielen Anwendungen in Museen und Archiven kommt es vor, dass kein konkretes Suchziel vorliegt und stattdessen eine Sammlung erst einmal gesichtet werden soll, um sich einen Überblick über die vorhandenen Motive und Inhalte zu verschaffen. In solchen Situationen kann die Flexibilität des durch Co-Embeddings aufgespannten Vektorraums genutzt werden, um Interaktionen mit Multimediasammlungen zu ermöglichen, die mit konventionellen Metadaten nicht umsetzbar wären.

VIRTUE ist ein weiteres Projekt der DBIS-Forschungsgruppe, welches zum Ziel hat, museale Multimediasammlungen durch Methoden der Multimediaanalyse und -suche gleichermaßen für Experten und Laien durch virtuelle Realität interaktiv zugänglich zu machen. Um große Multimediasammlungen erkundbar zu machen, generiert VIRTUE daraus automatisch eine Ausstellung. Dafür nutzt VIRTUE die aus den Multimediadateien extrahierten Featurevektoren, um in deren Vektorraum ein Clustering mit Self-Organizing Maps (SOMs) zu erstellen. Mit dieser Methode werden Gruppierungen der Multimediadateien erstellt, welche dem Feature entsprechend ähnliche Dateien enthalten. SOMs erlauben es, während des Gruppierungsprozesses Nachbarschaftseigenschaften der einzelnen Gruppen festzulegen. VIRTUE verwendet diese Eigenschaft, um Gruppierungen zu erstellen, die nicht nur in sich selbst möglichst ähnliche Bilder enthalten, sondern auch neben möglichst ähnlichen anderen Gruppierungen in einem einfachen Ausstellungsraum dargestellt werden können.

Multimedia-Sammlungen Durchsuchen und Erkunden mit maschinellem Lernen 75

Abb. 6: Bilder der Sammlung SGV_10 der Schweizerischen Gesellschaft für Volkskunde im Übersichtsraum von VIRTUE; oben Gruppierungen mit unterschiedlichen Einzel- und Gruppenportraits, unten Bergbildgruppierungen mit und ohne Gebäude. Aufnahme: Simon Peterhans.

Abb. 6 zeigt zwei Ecken des Übersichtsraums einer von VIRTUE erstellten Ausstellung. Im linken Teil der Abbildung sind Gruppierungen von Portraitbildern ersichtlich, welche jeweils mit einem möglichst repräsentativen Bild der Gruppierung dargestellt werden. Auf der anderen Seite des Übersichtsraums werden Gruppierungen von Bergbildern mit und ohne Gebäude dargestellt. VIRTUE erlaubt es Besuchern des virtuellen Museums, in jede Gruppierung weiter einzutauchen und sie in einem neuen Ausstellungsraum wieder in Gruppierungen aufzuteilen. Dadurch ermöglicht es VIRTUE Besuchern, die Sammlung ohne spezifisches Suchziel zu erkunden und schrittweise die Teile der Sammlung zu besichtigen, welche für die jeweilige Person am interessantesten ist.

Abb. 7: Interaktive Visualisierung der Sammlung SGV_10 der Schweizerischen Gesellschaft für Volkskunde als Punktewolke in virtueller Realität. Aufnahme: Florian Spiess.

Es gibt noch viele weitere Möglichkeiten, Multimediaanalyse und vor allem moderne Methoden wie semantische Co-Embeddings zu verwenden, um Multimediasammlungen zugänglich zu machen, wie die in Abb. 7 abgebildete Visualisierung einer Multimediasammlung als Punktewolke. Viele dieser Methoden sind noch in frühen Entwicklungsstadien oder müssen erst noch erforscht werden. Gewiss ist nur, dass sich durch neue Modalitäten zur Visualisierung und Interaktion mit Multimediasammlungen, wie die virtuelle Realität, und modernen Methoden der Multimediaanalyse, wie semantischen Co-Embeddings, ganz neue Möglichkeiten ergeben werden, um mit grossen Multimediasammlungen umzugehen und diese einem breiten Publikum nicht nur verfügbar, sondern auch zugänglich zu machen.

Large Language Models, oder weshalb wir künstliche Intelligenz im Archiv finden sollten

Von Tobias Hodel[1]

Künstliche Intelligenz oder spezifischer sogenannte maschinelle Lernverfahren, die mit Textdaten umgehen können, sind keine Erfindung der 2020er Jahre. Bereits seit Jahren werden sogenannte Sprachmodelle eingesetzt, um Texte aufzubereiten oder Suchen zu verbessern. Mit Anwendungen wie ChatGPT und Suchsystemen, die auf direkter Interaktion basieren, erfahren aber eine Vielzahl von Nutzenden Formen des maschinellen Lernens. Damit wird diese Form der künstlichen Intelligenz ins Bewusstsein vieler Anwenderinnen und Anwender gebracht. Ebenso wird für die Recherche und für die Analyse eine Erwartungshaltung bezüglich der Interaktionsformen mit Textdaten geweckt.

Die Rolle von Archiven in der Anwendung generativer künstlicher Intelligenz ist noch mehrheitlich undefiniert, obwohl bereits eine Vielzahl von Archiven Erfahrungen mit maschinellem Lernen machen, etwa in Form von Anwendungen im Bereich der Texterkennung oder der Suche in Bildbeständen.[2] Wie sollen sich Archive positionieren und mit künstlicher Intelligenz interagieren? Das ist die Ausgangsfrage der folgenden Seiten.

Anwendungen wie ChatGPT existieren erst seit 2022, weshalb es vermessen wäre, bereits empirisch gesättigte Erkenntnisse zu versprechen. Bereits kurze Zeit nach der Einführung der Chatsysteme kann jedoch aufgezeigt werden, wie die neu verfügbaren Werkzeuge auch oder vielmehr insbesondere in Archiven eingesetzt werden könnten. Der vorliegende Beitrag versucht aus diesem Grund, einen Aufriss der Thematik mit Blick auf Herausforderungen in Archiven zu leisten.

Der Startpunkt ist nicht die Technologie, sondern das Problemgemenge, das wir in Archiven identifizieren. Dabei geht es nicht darum, ein Defizit zu konstatieren, sondern vielmehr aufzuzeigen, weshalb Daten aus Archiven besondere Herausforderungen an Technik und Mensch stellen. Davon ausgehend kann mit Blick auf die Technologie aufgezeigt werden, wie Archive ein Korrektiv darstellen könnten, das auch auf die entstehenden Modelle zurückwirkt. So kommen wir schließlich zu einem Ende, das mögliche Einsatzszenarien für große Sprachmodelle skizziert und eine Erprobung anregen soll.

---

[1] Die Ausführungen basieren auf mehr oder minder systematischen Versuchen mit Large Language Models und Erfahrungen im Umgang mit Sprachmodellen. Der Autor möchte die frühe Phase der Auseinandersetzung mit LLMs betonen. Aktuell können wir noch nicht abschätzen, inwiefern sich Risiken und Chancen die Balance halten. Alle Links wurden letztmals am 31.10.2023 abgerufen.

[2] Siehe auch den Beitrag von Florian *Spiess* in diesem Band.

Bevor wir uns den spezifischen Herausforderungen widmen, sollen zunächst einige Gedanken zur sprachlichen Beschreibung der Technologie formuliert werden. Der Begriff der künstlichen Intelligenz ist noch immer unterdefiniert. Der Terminus ist keine *per se* besonders neue Erfindung, sondern wird schon seit mehr als 60 Jahren als eigenes Forschungsfeld bearbeitet. Mit *künstlicher Intelligenz* ist denn auch nicht eine technische Herangehensweise oder ein Methodenapparat gemeint, sondern vielmehr eine Forschungsrichtung.[3]

Aufgrund der begrifflichen Unschärfe bevorzugen methodisch orientierte Forschende den Fachbegriff des maschinellen Lernens, der Methoden umfasst, die große Datenmengen nutzen, um Verfahren zu entwickeln, die auf Mustern basieren oder die versuchen über Muster Ähnlichkeiten zu eruieren, die nachgeahmt werden können.[4] Maschinelles Lernen ist denn auch der Methodenapparat, der in der Text- und Bildanalyse mit Erfolg seit einigen Jahren eingesetzt wird und vermehrt mit dem Begriff der *künstlichen Intelligenz* verschmilzt.

Aus technischer Warte ist das sogenannte *deep learning* die erfolgreichste Form des maschinellen Lernens, vorausgesetzt, es existiert genügend Material, auf das sich das System berufen kann.[5] Diese Technologien sind allerdings keine neutralen Agenten. Weder die Daten[6] noch die Algorithmen[7] stehen außerhalb unserer Wissenssysteme und -repräsentationen, sondern gehören zu Systematiken, wie wir die Welt verstehen und ordnen. Für die Archivwissenschaften sind das keine bahnbrechenden Neuigkeiten. Die kritische Archivforschung hat in den vergangenen zwei Jahr-

---

[3] Siehe leitend Stuart J. *Russell* u. a.: Artificial intelligence: a modern approach. Harlow 2022 (Pearson series in artificial intelligence). S. viii.

[4] Siehe einführend und mit Blick auf die Geschichtswissenschaft Tobias *Hodel*: Die Maschine und die Geschichtswissenschaft: Der Einfluss von deep learning auf eine Disziplin. In: Digital History: Konzepte. Methoden und Kritiken Digitaler Geschichtswissenschaft. Bd. 6. Hg. von Karolina Dominika *Döring* u. a. (Studies in Digital History and Hermeneutics) Berlin, Boston 2022. S. 65–80. https://doi.org/doi:10.1515/9783110757101-004.

[5] Es wird von sogenannten Trainings-, Validierungs- und Testsetdokumenten ausgegangen. Siehe anhand des Beispiels der Texterkennung, in der dieser Prozess ebenfalls genutzt wird. Siehe mit Bezug zur Texterkennung Tobias *Hodel*: Konsequenzen der Handschriftenerkennung und des maschinellen Lernens für die Geschichtswissenschaft. Anwendung, Einordnung und Methodenkritik. In: Historische Zeitschrift 316/1 (2023) S. 151–180. https://doi.org/10.1515/hzhz-2023-0006.

[6] Siehe besonders instruktiv: *Raw Data* Is an Oxymoron. Hg. von Lisa *Gitelman* (Infrastructures series). Cambridge 2013.

[7] Siehe zu Beeinflussungen anhand von Sexismus Mar *Hicks*: Sexism Is a Feature, Not a Bug. In: Your computer is on fire. Hg. von Thomas S. *Mullaney* u. a. Cambridge, Massachusetts 2021. S. 135–158. https://doi.org/10.7551/mitpress/10993.003.0011. – Allgemein einführend siehe Safiya Umoja *Noble*: Algorithms of Oppression: How Search Engines Reinforce Racism. New York 2018.

Verkürzt: Funktionieren der künstlichen Intelligenz

Die *deep learning* Systeme, mit denen wir mehr und mehr täglich umgehen, basieren in erster Linie auf großen Mengen an strukturierten oder unstrukturierten Daten. Um beispielsweise erfolgreich Texterkennung zu betreiben, ist es nötig, dass umfangreiche Beispiele (im Sinne von Trainingsdaten) für die Algorithmen zur Verfügung gestellt werden.[9] Für Sprachmodelle, wie sie in ChatGPT verbaut sind, sind gleichfalls umfangreiche Textvorlagen notwendig, bei denen die gesamte Wikipedia einen winzigen Ausgangspunkt bildet, um Modelle zu erstellen.[10]

Die dabei erzeugten Modelle sind nicht viel anderes als optimierte Repräsentationen des visuellen Inputs (Texterkennung) oder des Verhältnisses der Daten zueinander (Sprachmodelle). Sprich im *deep learning* wird versucht, einen optimalen Status zu erzeugen, um beim nächsten Schritt ähnliche Resultate zu generieren. In diesen so generierten Modellen ist immer nur so viel *Weltwissen* vorhanden, wie in den Trainingsmaterialien vermittelt wurde. Wobei die Optimierung immer nur auf ein Ziel hin läuft, das aus der Erkennung oder der Generierung von Text besteht, analog zu den Materialien im Training. Sinn oder gar Kreativität sollte darin nicht gesucht werden.

Im Verlauf der vergangenen Jahre waren die Entwicklerinnen und Entwickler der Sprachmodelle selbst von den Resultaten überrascht, die die imitierenden Systeme zur Generierung von Text hervorbrachten. Ursprünglich waren die Modelle nicht zur Ausgabe von Fakten oder ähnlichem gedacht, sondern einzig zur Generierung von Textbausteinen, etwa zur Korrektur der Grammatik in existierenden Texten. Als Reaktion auf die gefühlt gehaltvollen und intelligenten Texte wurde den Modellen teilweise eine Reflexionsfähigkeit und gewissermaßen eine Intelligenz

---

[8]   Siehe beispielsweise Ann Laura *Stoler*: Along the archival grain: Epistemic anxieties and colonial common sense. Princeton, NJ Oxford 2010 und Eric *Ketelaar*: Tacit narratives: The meanings of archives. In: Archival Science 1/2 (2001), S. 131–141. https://doi.org/10.1007/BF02435644.

[9]   Siehe beispielsweise in diesem Band den Beitrag von Dorothee *Huff* oder wie dargelegt in Guenter *Muehlberger* u. a.: Transforming scholarship in the archives through handwritten text recognition: Transkribus as a case study. In: Journal of Documentation 75/5 (09.09.2019) S. 954–976. https://doi.org/10.1108/JD-07-2018-0114.

[10] Der Ausgangspunkt ist in vielen Fällen ein sogenannter *scrape* von Texten aus dem Internet. Zusätzlich kann auch gerade in den kommerziellen Systemen nachgewiesen werden, wie urheberrechtlich geschützte Daten in die Modelle eingeflossen sein müssen. Siehe dazu Kent K. *Chang* u. a.: Speak, Memory: An archaeology of books known to ChatGPT/GPT-4, 28.04.2023. https://doi.org/10.48550/arXiv.2305.00118.

zugeschrieben, die den Blick auf die eigentlichen Fähigkeiten der Systeme jedoch vollends verstellt.[11]

In der Anlage handelt es sich auch bei den großen Sprachmodellen, den sogenannten *Large Language Models*, um Systeme, die auf die Generierung von Text trainiert wurden und in einem zweiten (aufwändigen) Schritt lernten, welche *sinnvollen* Antworten zu Anfragen in ihrem Modell gefunden werden können. Problematisch wird dieser Umstand, sobald das Modell mit Fragen konfrontiert wird, die es nicht oder nur selten in seinen Trainingsmaterialien gesehen hat. Aufgrund des gelernten Umgangs mit ähnlichen Fragen werden sodann Antworten erzeugt, die sich zwar glaubhaft anhören, jedoch eine inhaltlich erfundene Zusammensetzung mit plausibler Form sind.

Anhand eines Vorzeigebeispiels lässt sich dieses Problem aufzeigen, in dem eine Anfrage gestellt wird, welche Preise eine Person gewonnen hat, die in einem Feld (beispielsweise einer Disziplin) aktiv ist. Aufgrund der Frage *Welche Preise hat X gewonnen* versucht das Modell eine Antwort zu generieren, wie sie im Trainingsmaterial vorgekommen ist. Dabei wird auch der zusätzliche Input (Name von X sowie beruflicher Hintergrund) miteinbezogen. Vielfach spuckt das *Large Language Model* dann eine Vielzahl an echten und erfundenen Preisen aus, unabhängig davon, ob die Person den Preis gewonnen hat.

Parallel dazu sehen wir alle Voreingenommenheit widergespiegelt, die das Modell in den Trainingseinheiten *gesehen* hat. Explizit Minderheiten und sozial schwächere Gruppen sind in diesen Trainingsmaterialien oftmals unter- oder falsch repräsentiert, und dementsprechend beeinflusst fallen die Modellresultate aus. Die Ausgaben können jederzeit in rassistische, sexistische oder anderweitig problematische Bereiche kippen.[12]

Im Wissen um diese Einschränkung lässt sich relativ schnell ein guter Umgang mit den Algorithmen finden. Als unabhängige, Wissen wiedergebende Textgeneratoren eignen sie sich folglich nicht. Andererseits werden die Systeme enorm wirkmächtig, sobald es darum geht, Informationen aus Textdaten zu extrahieren (wer wird in einem Text erwähnt, welche Themen werden angesprochen), oder gar Inhalte zusammenzufassen. Das gilt natürlich auch oder insbesondere für Archive.

Eine Komponente und gleichzeitig eine neue Kompetenz wird das sogenannte *prompt engineering*. Darunter versteht man möglichst hilfreiche Anfragen, die an die Chatsysteme oder allgemein die Sprachmodelle gestellt werden. Dabei lohnt sich eine sorgsame Texteingabe, um die Anfragen

---

[11] Siehe dazu den Fall eines Entwicklers, der dem LaMDA System/Sprachmodell Bewusstsein attestierte: Nico *Grant*, Cade *Metz*: Google sidelines engineer who Claims its A.I. is sentient. In: The New York Times (12.06.2022). https://www.nytimes.com/2022/06/12/technology/google-chatbot-ai-blake-lemoine.html.

[12] Siehe leitend: Emily M. *Bender* u. a.: On the dangers of stochastic parrots: can language models be too big? In: Proceedings of the 2021 ACM Conference on Fairness, Accountability, and Transparency (FAccT '21). New York 2021. S. 610–623. https://doi.org/10.1145/3442188.3445922.

zu verbessern. Zentral bei den Anfragen ist die präzise Definition der Aufgabe (*Zusammenfassung verfassen*, *Stichwörter identifizieren*, *Text orthographisch korrigieren*) und die Benennung einer Perspektive (*für Grundschüler*, *für ein akademisches Publikum*). Hilfreich sind auch Beispiele, die in einer Anfrage mitgegeben werden. Die Beispiele können etwa aus Listen bestehen, aus denen die Antwort bestehen kann. Um die Rückmeldung noch elaborierter zu gestalten, können auch Definitionen mitgegeben werden, beispielsweise um dem Sprachmodell Datenbankstrukturen zu vermitteln.

Die Herausforderung: Weshalb das Archiv nicht für AI gemacht ist

Archive sind Horte besonders komplexer Daten. Wir finden auf engem Raum unterschiedliche Sprachen und – zumeist wichtiger – unterschiedlich historische Sprachformen. Semantischer Wandel und eine (für moderne Sprachformen ungebräuchliche) komplexe Syntax sind dabei nur Teile der Herausforderung. Die Historizität der Dokumente und die je nach Archiv stark divergierenden Fachsprachen sind ein weiterer Teil der Herausforderung, die wir in der unendlichen Anzahl von Dokumenten finden: Von der Verwaltungssprache über die Wirtschaftssprache bis hin zu fachwissenschaftlichen Sprachen etwa in Musikarchiven finden wir unzählige spezialisierte Ausprägungen.

Zu den formellen Herausforderungen kommt ein zentrales weiteres Problem: Sprachmodelle wie ChatGPT werden gerne als Wissensspeicher (miss-)verstanden. Gerade für Wissen und Informationen, die im frei zugänglichen Internet nicht hochgradig redundant repräsentiert werden, eignet sich der Einsatz der LLM nicht für die Wiedergabe. Die bereits problematisierten Stereotypisierungen und Vereinheitlichungen sind denn auch in diesem Bereich zu identifizieren. Städtische oder lokale Akteure, die zurecht in den jeweiligen Archiven ein gewisses Renommee genießen, sind in den Sprachmodellen höchstens marginal präsent und jegliche Informationen dazu sehr kritisch zu prüfen.

Es spricht auf den ersten Blick daher nicht viel für den Einsatz von *Large Language Models* in Archiven. Da die genannten Probleme und Herausforderungen von Archivmaterial aber nicht nur für die Algorithmen gelten, sondern auch für Menschen, wird das Auffinden und Einordnen von Archivalien zu einer herausfordernden Aufgabe, derer wir uns auch unter Einsatz von LLMs stellen sollten. Damit ist nicht insinuiert, dass dies die einzige Zugangsform ist, sondern eine von diversen Möglichkeiten, die wir dennoch in Betracht ziehen und kritisch wagen sollten.

Die Chance des Zugangs: Disparates Archivmaterial einordnen

Trotz der genannten Hürden vertrete ich hier die Meinung, wir können und sollen große Sprachmodelle im Archiv nutzen. Dabei sehe ich unterschiedliche Einsatzszenarien, die in aller Kürze skizziert werden sollen. Für Suchvorgänge, die über disparates Material und historische Sprachstufen laufen, eignet sich der Einsatz großer Modelle ebenso, wie für die Erschließung, für das

Vergleichen von Dokumenten oder die Extraktion von Informationen. Im Laufe der umfangreichen Trainingsprozesse haben Sprachmodelle eine Vielzahl von Sprachstufen gesehen und häufig auch historische Sprachen sowie vielfältige Formen der Ähnlichkeit. Diese Ausgangslage sollten wir uns zu Nutze machen.

Eine Volltextsuche in Archivmaterial wird in vielen Fällen keine ausreichenden oder gar befriedigenden Resultate liefern. Sprachmodelle können für diesen Schritt zumindest teilweise Abhilfe schaffen. Wie sich an ersten Beispielen aufzeigen lässt, können die großen Modelle relativ gut mit historischen Sprachstufen und auch mit Mehrsprachigkeit umgehen und vermögen Ähnlichkeiten im Sprachgebrauch dahingehend einzuordnen, dass sie sinnvolle Analogieschlüsse ziehen können. Sowohl nicht mehr gebräuchliche Wortformen als auch Fehllesungen der automatisierten Texterkennung können auf diese Weise eingeordnet werden.

Mit der Unterstützung der Suche einer geht der Support der Erschließungsarbeit, die in vielen Archiven ressourcenintensiv betrieben wird. Gerade für die Tiefenerschließung lassen sich Sprachmodelle einsetzen, wenn die gewünschte Form der Erschließung im *prompt* beschrieben wird. Diese Form des *one-shot learning*, also der Instruktion und Anpassung über die Eingabe, ermöglicht, dass auch der Archivspezifik und eigenen Formen der Erschließung Rechnung getragen wird. Voraussetzung ist die Existenz digitaler Textelemente, wobei neuere Iterationen der LLMs auch bis zu einem gewissen Grad mit Bilddaten umgehen können. Die Extraktion von Schlagworten, genannten Akteuren oder Zusammenfassungen etwa in Form der Regestierung, kann somit automatisiert oder unterstützt durch ein menschliches Korrektiv in Kooperation aufgearbeitet werden.

Ohne die Textgenerierungsfunktionalität von Sprachmodellen zu nutzen, eignen sich die Modelle gut, um Dokumentenvergleiche anzustellen. Einer in Volltext vorliegenden Archivalie kann dadurch ein *nächstähnliches* Dokument zur Seite gestellt werden. Solche Ähnlichkeiten lassen sich gleichzeitig als Visualisierungen ausgeben, womit neue Formen des Zugriffs entstehen.

Aktuell ist es vorwiegend die Kreativität, die bei solchen Informationsextraktionsvorgängen einschränkend wirkt. Dokumente können für die Suchenden übersetzt zur Verfügung gestellt werden. Ein Vorgang, der sich auf immer mehr Webseiten beobachten lässt und idealerweise gekennzeichnet wird. Aus den Übersetzungen oder der ursprünglichen Form können zusammenfassende Einheiten kreiert oder Stichworte erzeugt werden. Wer schon selbst Regesten für Urkunden angefertigt hat, weiß um die Herausforderungen solcher Unterfangen. Mit Sprachmodellen wird die Qualität sicherlich nicht an diejenige von Expertinnen und Experten heranreichen, aber die quantitative Verarbeitung kann auch für Dokumentenformen wie Protokolle oder andere Massenquellen angewandt werden, deren Be- und Verarbeitung nie in Erwägung gezogen werden würden. Um die Technologie zu nutzen, ist es wichtig, über Qualitätsstandards nachzudenken: Der Verlust an (scheinbarer) Perfektion in Erschließung und Verfügbarmachung wird durch die neuen quantitativen Dimensionen zwar nicht wettgemacht, jedoch mindestens ergänzt bzw. erweitert.

In all diese Vorgänge werden sich sowohl kleine Fehler oder Hyper-Normalisierungen aber auch, und das ist gravierender, Beeinflussungen einschleichen. Der schon erwähnte *bias* ist denn auch die größte Herausforderung im Umgang mit den Systemen.[13] Die Markierung des Einsatzes von großen Sprachmodellen bildet eine zentrale Aufgabe, um zumindest ansatzweise auf die damit einhergehenden Probleme aufmerksam zu machen. Sinnvoll sind auch Anleitungen und Beispiele, die aufzeigen, inwiefern Resultate fehlerhaft und Schlüsse problematisch sein können.

Die Chance der Archive: Ein Korrektiv in der Masse

Ein Archiv ist nicht nur ein Gefäß, um Verwaltung und Politik nachvollziehbar zu machen, sondern kann auch im digitalen Zeitalter eine entscheidende Rolle einnehmen, da die von ihm verwaltete Datenfülle potenziell massive und gleichzeitig gewinnbringende Erweiterungen für die Algorithmen ermöglicht. Das Archiv als Speicher einer Diversität bekommt damit eine weitere Aufgabe und kann gleichzeitig selbst seiner Quellenmassen bis zu einem gewissen Grad Herr werden.

Die offene Publikation der Daten wird gleichzeitig eine geschätzte Ressource, um die aktuell meist geschlossenen Systeme (insbesondere die GPT/ChatGPT Familie von OpenAI) durch offene Entwicklungen zu ergänzen und zu erweitern. Dabei geht es nicht darum, die Monetarisierung zu verhindern, sondern vielmehr, die verwendeten Daten offenzulegen und nachvollziehbar zu machen.

Für die kritische und umsichtige Nutzung der Technologien brauchen wir eine intensive Beschäftigung mit ihren Chancen und Risiken. Nur mit einer solchen *data* und *algorithmic literacy* werden die Vorteile implementiert und Risiken vermindert. Eine solche Sicht kann nicht von Dienstleistungsbetrieben eingebracht werden, sondern kommt optimalerweise aus den Reihen der Archivarinnen und Archivare. Ansonsten fehlt sowohl ein Verständnis für die Hindernisse, die sich im Material finden, als auch ein Abwägen der Informationsfülle, die gefunden werden kann. Mit den neuen Ansätzen werden somit nicht Personen ersetzt, sondern die Beschäftigung mit dem Material verschoben – weg von repetitiven Arbeiten und hin zu Reflexionsakten, die ein vertieftes Verständnis der Materialien verlangen.

Die Textmassen, die sich in den Archivmagazinen anhäufen, bedürfen nicht nur elaborierter Suchen, sondern auch der Kontextualisierung im Wortsinn. Die Textproduktion ist nur in ihrem Kontext zu ergründen und legt Vergleiche und die Bearbeitung über Texte nahe. Dabei sollten jedoch nicht nur Chat-Systeme im Fokus stehen, sondern unterschiedliche Frage- und Auskunftssysteme, die zielgerichtet sind oder aber auf Ähnlichkeiten aller Art abheben.

Letztlich sollten wir aber dennoch nicht den Vorteil beim Umgang mit den Dokumenten mit großen Sprachmodellen vergessen. LLMs eröffnen den Archiven eine Zugriffsform, die bis vor

---

[13] Ein Ansatz sind Modelcards, wie sie mittlerweile auch auf der Plattform Huggingface eingesetzt und in folgendem Artikel ausführlich beschrieben werden: Margaret *Mitchell* u.a.: Model Cards for Model Reporting. In: Proceedings of the conference on fairness, accountability and transparency (29.01.2019) S. 220–229. https://doi.org/10.1145/3287560.3287596.

wenigen Jahren undenkbar war und nun immer selbstverständlicher in unterschiedlichen Sparten eingesetzt wird. Archive können und sollen davon profitieren.

Ein überbordender Technologieglaube passt sicher nicht ins Archiv, jedoch sollten neue Technologien auf jeden Fall als Chance verstanden werden, um die Massen an Archivalien neu und anders deuten zu lassen. Deshalb sollten wir nicht vergessen, die Dokumente aus den Archiven in die neuen Systeme einzuspeisen und damit deren Leistungsfähigkeit zu erhöhen.

Autorinnen und Autoren

Daniel Fähle studierte Geschichte und Philosophie und arbeitete zunächst als Fachredakteur und Projektmanager im Verlagsbereich. Er leitet das Referat „IT und digitale Dienste" im Landesarchiv Baden-Württemberg und ist stellvertretender Leiter der Abteilung Zentrale Dienste.

Matthias Razum leitet den Bereich e-Research bei FIZ Karlsruhe – Leibniz-Institut für Informationsinfrastruktur. Ursprünglich Wirtschaftsinformatiker, beschäftigt er sich seit Langem mit Fragen des Forschungsdatenmanagements und des digitalen Wandels in der Wissenschaft. Er hat in diesen Themenfeldern eine Vielzahl von Forschungsprojekten initiiert, engagiert sich intensiv in der Nationalen Forschungsdateninfrastruktur (NFDI) und bringt sich auch wissenschaftspolitisch ein. Daneben verantwortet er die Softwareentwicklung und den Betrieb einiger großer Portale im wissenschaftlichen wie im kommerziellen Bereich, darunter die Deutsche Digitale Bibliothek und das Archivportal-D.

Dr. Regina Keyler ist Leiterin des Universitätsarchivs Tübingen, einer Abteilung der Universitätsbibliothek. Sie absolvierte zunächst die Ausbildung zum gehobenen Archivdienst, studierte Geschichte und Deutsch in Tübingen und Göttingen. Nach der Promotion folgten das Archivreferendariat und berufliche Stationen am Landesarchiv Baden-Württemberg.

Dorothee Huff studierte Geschichte, Mittellatein, Kulturanthropologie und Religionswissenschaft und war anschließend in verschiedenen Projekten in der Abteilung Spezialsammlungen und Bestandserhaltung der Staats- und Universitätsbibliothek (SUB) Göttingen beschäftigt. Sie war wissenschaftliche Mitarbeiterin im Projekt OCR-BW und ist in der Universitätsbibliothek Tübingen zuständig für den OCR-Service.

Dr. Andreas Neuburger leitet seit Juni 2023 die Abteilung Archivischer Grundsatz des Landesarchivs Baden-Württemberg. Er hat in Tübingen und Edinburgh Neuere Geschichte und Politikwissenschaft studiert und in Tübingen promoviert. Nach dem Archivreferendariat im Landesarchiv war er in unterschiedlichen Abteilungen des Landesarchivs tätig, bis vor Kurzem als Referatsleiter für Erschließung und Digitalisierung. Er leitet das DFG-Projekt zum Aufbau von „EEZU" am Landesarchiv.

Lambert Kansy studierte Geschichte, Osteuropäische Geschichte und Soziologie in Basel und Berlin. Er absolvierte die Fernweiterbildung an der Fachhochschule Potsdam zum Diplom-Archivar (FH). Seit 2000 ist er Wissenschaftlicher Archivar im Staatsarchiv Basel-Stadt, seit

2007 Leiter der Abteilung Informatik und des Reprodienstes sowie seit 2015 archivinterner Projektleiter des Neubauprojekts des Staatsarchivs.

Pascal Notz studierte Informatik in Tübingen und war anschließend für einen Anbieter von Wellenlängenmessgeräten tätig. Seine Arbeitsschwerpunkte lagen hier in den Bereichen Prozessautomatisierung und Workflowoptimierung, Qualitätsmanagement und Mitarbeiterschulung. 2022 wechselte er an das Zentrum für Datenverarbeitung der Universität Tübingen (ZDV) als Entwickler für das „timms for culture"-Projekt.

Florian Spiess ist Doktorand der Informatik an der Universität Basel mit dem Schwerpunkt auf durch Maschinelles Lernen unterstützte Multimedia Analytik mit Benutzeroberflächen in Virtueller Realität. In seiner Tätigkeit als Doktorand arbeitet er auch im vom Schweizerischen Nationalfonds finanzierten interdisziplinären Projekt „Participatory Knowledge Practices in Analogue and Digital Image Archives", das Forschende aus der Informatik, Kulturanthropologie und den Designwissenschaften zusammenbringt.

Prof. Dr. Tobias Hodel ist Assistenzprofessor für digitale Geisteswissenschaften an der Universität Bern. Seine Forschung konzentriert sich hauptsächlich auf maschinelles Lernen in den Geisteswissenschaften, insbesondere Texterkennung und Informationsextraktion aus vormodernen Quellen. Hodel promovierte in Geschichtswissenschaften an der Universität Zürich und leitete das E-Learning-Projekt „Ad fontes" sowie das digitale Editionsprojekt „Urkunden und Akten des Klosters Königsfelden (1300–1600)".